20 世纪中国图书馆学文库·86

从藏书楼到图书馆

吴晞 著

图 国家圖書館出版社

本书据书目文献出版社 1996 年 11 月第 1
版排印

目　　录

序

　　有关中国图书馆史的论著已不为少,但总有一个问题没有说清楚,这就是中国图书馆由来的问题。通常的说法,大都以为中国图书馆之源乃中国古代藏书楼。此说貌似合理,实为牵强。事物之变迁有不同情况,一是旧事物自然发展而转变为新事物,二是旧事物寿终而为新事物所取代,两者皆属正常,无所谓"好"或"不好"。旧事物完成了既定使命,或者是已经不适应时代的需要,就要被淘汰,就有可能被与之不同的新事物所取代,此类事情极多,图书馆取代中国传统藏书楼即属此。

　　史之究当以实为据。治史固不免有感情因素掺和其中,但仍以尽量少一点为宜。中国图书馆之源不在中国而在西方不足为奇,承认事实会使头脑清醒一些。中国现代科学技术之源不也是不在中国而在西方么?西方科学始入中国之时,曾有不少士大夫对此难以接受,甚至因而创"西学东源"之说,也曾热闹一时,不过终因有违事实,亦无补于事,不久也就烟消云散了。西学源于欧洲,并非中华土产,从头学起比自以为是好得多。

　　图书馆与藏书楼(均以其实质而言而非以其名称为据)为两种不同性质之事物。图书馆源于西方自有其历史、社会、文化多种原因,图书馆之所以不源于中国亦同样有其自身的理由,探明这些问题不仅有史学上的价值,同时也有现实的意义,可惜以往对这些问题研究得太少了。

1

中国的藏书楼早已为图书馆所取代,但是藏书楼的思想是否都已为图书馆的思想所取代?对图书馆事业是否已具共识?时至今日,我看未必。正当世界图书馆潮流又处于急剧变革之际,以史鉴今,绝非多此一举。

　　读完吴晞同志的书稿,似是吸进了一口新鲜空气。这部篇幅不大而资料丰富的著作的新鲜之处,在于它给我们提出了一些应当正视和需要重新思考的问题,还在于它给我们提供了一面比较平正的镜子,用这样的镜子可以照出我们现在的模样,也有可能照亮我们的前程。

潘永祥

1993 年初夏于承泽园

一、绪论

——中国图书馆的产生

本书旨在论述我国图书馆——或称近代图书馆——萌芽、产生和最后形成的历史。但在探讨这一论题之前，首先要搞清什么是中国的图书馆，并对我国图书馆史研究中的一些不够明确的问题做出必要的论证。

我国图书馆史研究论著中的一个极为普遍的看法是：中国的图书馆源远流长，迄今已有几千年的悠久历史。说起中国的图书馆，定要追溯先秦的甲骨、简策，言必称官府、书院、私家三大藏书系统，似已成为定制。然而，近代社会之前的中国图书馆，尽管历史悠久，灿烂辉煌，但它们都不是"图书馆"，至少不是我们今天所说的图书馆。当然，在一般意义上，我们也可以将近代之前的文献收藏称之为古代图书馆，而后的称之为近代图书馆和现代图书馆。在本书中，前者称之为藏书和藏书楼，后者才称之为图书馆。但是，我们必须明确认识到，二者不论叫什么名称，都是两种性质截然不同的事物。古代的藏书和藏书楼至多可以看作是中国图书馆的历史渊源，但决不是它的母体和前身。如果说在中国社会接受西方思潮的初期，中国人总是要以"中华古已有之"的态度来看待西方新事物的话，那么在今天，这种认识只能是学术研究中的一种羁绊了。

有许多人是这样描述近代社会中的图书馆的：十九世纪中国

1

图书馆的发展已落后于西方。后来逐渐接受了西方先进的图书馆思想和管理方法,因此才产生了重要的进步和飞跃。其实这种看法也是一种误解。中国古代的藏书、藏书楼和西方的图书馆之间,不是什么落后与先进的差别,而走的是南辕北辙的两条道路。换句话说,如果没有近代社会西方思想文化的冲击和影响,中国的藏书楼再发展若干世纪,也没有可能自行演变成为西方式的近代图书馆。中国的旧式藏书楼中缺乏进化演变成为近代图书馆的基本机制,主要是缺少面向社会开放的因素,因此不可能成为新式图书馆产生的母体。中西图书馆走的是两条完全不同的发展道路,这种差别和先进与落后是两回事。

还有一种更带有普遍性的观点,即认为进入近代社会之后中国藏书楼的根本性质发生了变化,由封建性的旧式书藏发展过渡为新型的近代图书馆。这种解释用于西方图书馆的历史发展是比较恰当的,而用于中国图书馆则不妥。西方图书馆的历史源于古代两河流域、埃及、希腊和罗马的公共图书馆,中世纪时演变为大教堂和修道院的图书馆,产业革命后又产生了近现代的图书馆。这是一种演变、递进的完整过程。而中国藏书楼的历史在近代之后则中断了,藏书楼也消亡了,而不是转变成了什么。中国的图书馆从产生之日起,走的便是一条全新的道路,是在新的起点上从头开始的。从本质上看,中国近代图书馆所接受和继承的主要是西方图书馆的东西,而不是中国藏书楼的传统。这是一种取代,而不是演变过渡。这就如同一幢房屋的旧主人被新主人所代替,而这位新主人既不是由旧主人洗心革面而成的,也不是旧主人的儿孙,只不过是新主人入主之后受到了旧主人的一些影响而已。

澄清以上诸多的认识,都是为了得出一个结论:中国的图书馆是西方思想文化传入中国的产物,中国图书馆的历史是从接受西方的图书馆思想及管理方法之后才开始的。我们姑且将之称为"中国图书馆西来说",并把其视为研究中国图书馆历史的正确起点。

我们知道,在历史发展的进程中,既有循序渐进、前后衔接的情况,也有旧事物灭亡、新事物产生的情况,而且新事物并不一定要直接产生于旧事物的母体。中国的图书馆即属于后者。这样的事例历史上有很多,如社会主义制度固然是中国社会历史发展的产物,但科学社会主义的源头却是西方的马克思主义,因此中国社会主义的历史只能从全国解放时算起,至多追溯到"五四"前后马克思主义在中国的传播和中国共产党的建立之时,若在古代中国寻觅社会主义思想的前身和起源只能是牵强的。

这样说来,是不是将中国古代几千年藏书的历史及其巨大社会作用一笔抹煞掉了呢?事实并非如此。举例讲,中国古代有着发达的科学技术,涌现了许多杰出的科学巨匠,这是举世公认的事实;然而,现代中国的科学技术并不是继承了张衡、祖冲之或道家炼丹术的传统,而是直接发源于毕达哥拉斯、欧几里得、伽利略、牛顿等西方科学家。中国古代的图书馆也是如此,从历史的角度看,它不仅存在,而且是辉煌的;但从近代图书馆的发展源头看,它又是"不存在"的,因为历史并没有让它成为中国近代图书馆的母体。本书无意否认中国古代图书馆的存在、发展与鼎盛的历史,而是旨在说明中国近代图书馆在本质上是一个外来的事物,是"西风东渐"的结果,而不是建立在中国古代图书馆的基础之上的。

将中国图书馆的历史界定在近代社会之后,也是图书馆史研究上的需要。专项历史的研究需要一个科学合理的研究范畴,图书馆史研究也不例外。在中国古代社会中,图书馆史与书史、出版史、校雠史、目录史、档案史等是无法区分的,而且年代越早,这些学科门类越趋于一体。进入近代社会之后,这些不同的范畴才逐渐有了明确的分野。为合理界定古代中国图书馆史,许多研究者付出了很大的努力:有的人为地划出"古代图书馆史",有的界定为"中国图书和图书馆史",有的说成"中国古代图书事业史",还有的更广义地称为"文献信息史"。然而,在这些论著中,或是分而不清,或是混而不分,都没有很好地解决图书馆史的界定问题,其原因皆在于没有认清中国的图书馆实质上是"舶来品",而是用现代图书馆的概念去套用古代社会中相类似的事物。① 如果将中国图书馆的产生界定在近代社会之后,就会使中国图书馆史的研究有了一个清晰明确的范畴和途径。

从以上认识出发,本书所论及的实质上是在中国社会中所发生的从藏书楼到图书馆的转变(确切讲来,这种变化是社会文献收藏以藏书楼为主体到以图书馆为主体的转变,而不是指藏书楼转变成了图书馆),也是旧式藏书楼消亡、新型图书馆产生的历史过程。在这个过程中,中国人在何时、以何种方式接受了西方图书馆的思想方法并加以实践,这种接受和实践的程度如何,就是衡量中国图书馆产生和发展的主要标准。在这个标准之下,又以中国的文献收藏从封闭到开放,以及开放的程度如何作为最主要的衡量尺度,因为藏书开放的水平实质上便是"西化"的主要标志。本书即侧重描述这个过程。书中所覆盖的年代,大约是从十九世纪中叶至辛亥革命前后的半个多世纪,亦即中国的图书馆从酝酿、萌芽、实施,直至最后形成的年代。

---

① 只有严文郁先生所著《中国图书馆发展史》认为中国图书馆的历史从清末开始,这是比较合理的界定。但书中所确立的起始年代较本书稍晚了一些。

二、藏书·藏书楼·图书馆

——中国图书馆的渊源

藏书,是个由来已久的古老的文化现象。《史记·老子韩非列传》称:"(老子)周守藏室之史也。"司马贞《索引》注曰:"藏室史,周藏书室之史也。"这就是藏书一词的最早出处。老子所职掌的周王室藏书室,也是文献记载中最古老的正式的藏书机构。

然而,藏书作为一种社会文化现象,实际出现的时间还要早得多。据传说,上古伏羲氏画八卦始有文献,黄帝时已有分掌文献的史官,夏代也有负责图籍的太史。《河图》、《洛书》、《三坟》、《五典》、《八索》、《九丘》等,都是远古文献的名称。上古传说固然渺不足征,但至迟在商代,即已有了可以确信的各类藏书:本世纪初发现的殷商甲骨文献,可以说是我国最早的藏书实物;《尚书》中关于商代"有典有册"的藏书记载,也为考古发掘所证实。① 即使在周朝,周王室藏书的历史也远早于老子,藏书也不仅限于周王所藏。可以断言,我国古代的藏书,远在华夏文明初始的年代即已发端,并伴随了中华古代文明几千年历史之始终。

.我国古代的藏书是华夏文化的骄子,也是中华文明赖以存在和流传的基本因素。与世界上任何一种古代和中世纪文明中的文献收藏相比,我国古代的藏书均毫不逊色,并独具异彩。"藏书"

---

① 陈梦家《殷墟卜辞综述》,科学出版社,1956 年。

一词,实际上便是我国古代文献收藏的总称。将文献的聚集称之为藏书,是前人的一贯说法。例如"建藏书之策,置写书之官",①"藏书之盛,莫盛于开元"②等记载,便是例证。

至于"藏书楼"一词,则是一种较为晚出的说法。藏书楼之称究竟出现于何时,目前似乎还很难考定,但不会早于唐宋之际,并且发源于私家藏书。据《新唐书·李邕传》记载:"……家有书至万卷,世号李氏书楼。"又据《郡斋读书志》载:"(唐朝孙长孺)喜藏书,贮以楼,蜀人号书楼孙氏。"这两处唐代的私人藏书,大概就是最早被称作藏书楼的文献收藏了。明清之际,私人藏书进入了鼎盛时代,藏书楼之称便开始风行一时。私人藏书家们往往要将自己的藏书之所标之以"××楼","××阁"的雅称,就是一些没有多少文献收藏的士大夫们,也常常为其书斋取个藏书楼的名号来附庸风雅。这种风气甚至也影响到了官方的藏书,许多皇家和官府的藏书机构也开始仿效民间的藏书楼,冠之以各式藏书楼的名号。这样一来,"藏书楼"就成了当时各类文献收藏的统称。也就是说,尽管藏书楼作为一种藏书实体是古已有之的,但藏书楼这一特定名称是唐宋之际才见于记载,并于明清之际开始普遍在社会上盛行的。

当代图书馆史的研究者们习惯于把我国古代的藏书机构统称为藏书楼,而把近代的新式文献收藏称之为图书馆,并把这一历史变化的过程归结为从藏书楼到图书馆的转变。这种说法固然不无道理,但也有不尽合理之处。实际上,将我国古代的文献收藏称为"藏书",可能要比藏书楼的称谓更为适宜。因为藏书楼只能说是唐宋之后文献收藏处所的名称,并且以私家藏书为主,以藏书楼之所藏来囊括我国古代所有时期和所有类型的藏书是有些牵强的;

---

① 《汉书·艺文志》。
② 《新唐书·艺文志》。

同时,早期的近代图书馆问世后,往往也标之以藏书楼之名。如京师大学堂藏书楼、古越藏书楼、皖省藏书楼等,以藏书楼和图书馆的名称之别来作为二者区分的标志,也有些不够贴切。当然,这些称谓之分无关宏旨,重要的是这些文献收藏在性质上的差别。本书所要探讨的是我国图书馆形成的过程,将这个过程称之为从藏书楼到图书馆的转变,也是合乎历史实际的。因此,为了行文方便,也为了沿用习惯提法而避免与其他研究者产生歧义,这里也用藏书楼来泛指一切古代藏书机构。不过要申明的是:一,本书中所说的藏书楼是统称,既包括了殷商至清末的所有时期,也包括了官府、书院、私家等所有的藏书类型;二,清末出现的一些以藏书楼为名的近代图书馆,不属此例,对这样的"藏书楼"我们仍以图书馆视之。

与藏书楼源远流长的历史相反,"图书馆"在中国是个完完全全的外来名词和近代文化现象。图书馆,在西方语言中基本上有两种说法,一个是 Library,另一个是 Bibliothek。Library 一词源自拉丁语的 Liber,意为树皮。因为树皮曾用作书写的材料,所以在意大利语中把书店叫 Libraria,而法语中则把书店称作 Librarie。这个词后来由法语进入英语,就成了 Library。而 Bibliothek 一词源自希腊语 Biblos,即书籍,由书写材料"纸莎草"(Papyrus)的希腊语读音而来。后来对于存书的场所,希腊语叫 Bibliothek,拉丁语则称 Bibliotheca,在德语、法语、意大利语、西班牙语中均用这一词称图书馆,只是在拼法上有些小差别。对于 Library 或 Bibliothek,中国人最初译为"藏书楼"或"公共藏书楼"。

中文"图书馆"一词的直接来源出自日文"图书馆",最初是由梁启超引进到中国来的。1896 年 9 月在梁启超主编的《时务报》上,首次出现了图书馆一词。但是这一新的提法似乎并没有马上为国人所接受,一些早期的近代图书馆仍以"藏书楼"称之者居多,也有的称"书藏"、"书籍馆","图书院","藏书院"等,据目前所知,在本世纪之前只有1897年建立的北京通艺学堂图书馆使用了图书馆的名称。从本世纪初年起,使用图书馆一词的人和文献才开始多了起来。例如,1900年9月的《清议报》上就有一篇名为《古图书馆》的文章;1901年6月的《教育世界》也刊登了一篇《关于幼稚园盲哑学校图书馆规则》。1903年,清政府颁发了管学大臣张百熙主持制订的高等教育纲领《奏定大学堂章程》,其中提到:"大学堂当附属图书馆一所,广罗中外古今图书,以资考证",并规定其主管人为"图书馆经理官"。[①] 这是图书馆一词第一次被官方文件所正式采用。《奏定大学堂章程》颁布后,原京师大学堂藏书楼便改名为京师大学堂图书馆。这是我国第一个采用图书馆名称的正式官方藏书机构。但由于有京师大学堂藏书楼之名在先,所以改名后人们仍习惯以旧名称之,使京师大学堂图书馆这一正式名称反而不为人们所注意。直到1904年,湖南图书馆、湖北图书馆和福建图书馆相继成立,图书馆的名称才开始在社会上通行,其后各地出现的各种新型藏书处所多数都标之以图书馆的名称。1909年,京师图书馆(今北京图书馆)奉旨筹建,清政府又随之颁发了《京师图书馆及各省图书馆通行章程》,这样才使得图书馆的名称在我国最后确立了下来。

从"图书馆"一词的传入和使用上,也从一个侧面证实了我国的图书馆是一个新生的外来事物,是在一个全新的起点上从头起步的。然而,藏书楼和图书馆又不仅仅是名词称谓上的差异,更有着性质上的重大差别。从藏书楼到图书馆,是我国文献收藏史上最为重大的一场变革。藏书楼和图书馆,一是具有几千年传统的"国粹",一是西方传入的新事物,是否"西化"便是二者的本质差别。关于"西化"的含义,可以列举出许多,如组织机构、管理方法、收藏内容等,但是最主要、最本质的一点,还是封闭与开放的区

---

① 《中国近代教育史资料》中册,人民教育出版社,1961年。

别。从封闭走向开放，便是我国图书馆从无到有、从萌芽到成熟的曲折历程。

封闭性是旧式藏书楼的重要特征。在古代藏书初兴的殷周二朝，文化上是"学在官府"或"学术官守"的状况，反映在藏书方面，则是"官守其书"的局面，[1]贵族统治阶级之外的广大民众是与文化、图书无缘的。春秋末年，伟大的教育家孔子通过毕生的文化教育活动，开始了"学在官府"向"学到民间"的转变，使得众多的平民有了拥有、阅读图书的可能，这是我国文献收藏史上的第一次大变革。东汉以来，纸张出现并逐渐成为图书文献的主要载体，使图书的传抄和普及变得更为容易，于是社会上开始有了一些官府藏书之外的各种文献收藏，这是我国文献收藏史上的第二次大变革。唐宋之际，雕版印刷术发明并在全社会普及，促进了书籍的生产和流通，致使文献的收藏和利用水平又大大提高了一步，各种类型的藏书楼骤然增多，这是我国文献收藏史上的第三次大变革。但是，通过这三次变革，只是增加了社会上图书和图书收藏者的数量，却基本上没有改变藏书楼"门虽设而常关"的封闭状态。

明代著名藏书家祁承爜的澹生堂藏书楼便是一个典型的例子。祁承爜对自己的子孙及其藏书楼的管理有着明确的规定：

> 子孙能读者，则以一人尽居之。不能读者，则以众人递守之。入架者不复出，蠹啮者必速补。子孙取读者，就堂检阅，阅毕则入架，不得入私室。亲友借观者，有副本则以应，无副本则以辞。正本不得出密园外。……勿分析，勿复瓿，勿归商贾手。[2]

不难看出，祁氏对其藏书楼采取的是严格的封闭措施，连子孙、亲友都要受到限制，外人自然就更无缘问津了。而享誉明清两

---

① 章学诚《校雠通义》卷一。
② 祁承爜《澹生堂藏书约》。

代的范氏天一阁藏书楼,其措施更为严厉苛刻:

> 司马(即天一阁的创始人范钦)殁后,封闭甚严,继乃子孙各房相约为例,凡阁厨锁钥,分房掌之,禁以书下阁楼,非各房子孙齐至,不开锁。子孙无故开门入阁者,罚不与祭三次;私领亲友入阁及擅开厨者,罚不与祭一年;擅将书借出者,罚不祭三年;因而典鬻者,永摈逐不与祭。①

藏书楼的图书竟然连子孙都不准入内阅读,其封闭性简直达到了登峰造极的地步。这样的藏书楼,已经和守财奴埋着金银饿肚皮无异,与文献收藏的本来意义相去何止十万八千里。

澹生堂和天一阁只不过是两个比较典型的例子,而类似的封闭性措施,在封建社会为数众多的藏书楼中又是极为普遍的现象。当然,这种现象的出现和蔓延并不都是藏书家本身的过失,藏书家们集聚、保存图书典籍的苦心和功绩也不可一笔抹煞。归根结底,藏书楼是小生产文化方式的产物,不可能形成面向整个社会的文献信息体制,也不可能承担起社会化的图书供应任务。这是我们无法苛求于前人的。

与藏书楼的封闭状况截然相反,近代图书馆一问世,便向几千年的藏书楼传统提出了旗帜鲜明的挑战,以向公众开放的姿态出现在世人面前(这样的例证在以下各章中随处可见)。这是我国文献收藏史上第四次、也是迄今为止最为重大的一次变革。这场变革的结果,就是一大批与以往藏书楼截然不同的、新式的近代图书馆在社会上涌现出来。这场变革的实质,就是从藏书楼到图书馆、从封闭到开放的转变,也是旧式藏书楼灭亡并逐步退出历史舞台、新型图书馆产生并逐渐占据社会主导地位的历史过程。

---

① 阮元《宁波范氏天一阁书目序》。

三、天下万世共读之

——早期的藏书开放思想

封闭性虽是封建社会藏书楼的重要特征,但我国的藏书家们并非都是祁氏、范氏那样的守财奴式的角色。明清以来,我国也曾出现了一些卓尔不群的藏书家,他们大胆抨击了藏书楼自我封闭的传统劣性,提出了藏书开放的重要思想。在封闭式藏书楼的一统天下之中,这些开明的藏书家虽属凤毛麟角,但他们的远见卓识和大胆行动,却写下了难能可贵的一页。

最早明确提出藏书开放主张的是明末清初的曹溶。曹溶字洁躬,又字秋岳,号倦圃,浙江秀水人,明末崇祯年间考中进士,官至御史,清初又任户部侍郎和广东布政使等官职。他平生喜好宋元人的文集,收藏甚丰,有藏书楼名静惕堂。作为一名居官者和藏书家,曹溶也许并不那么重要,但是他写下了一部《流通古书约》,第一次阐述了开放藏书的思想,从而使他成为我国文献收藏史上彪炳史册的人物之一。

曹溶曾与明末清初的大藏书家、绛云楼主钱谦益有交。钱氏丰富的收藏和渊博的图书知识,都使曹溶钦羡不已。但曹溶也意识到了钱氏藏书的偏狭之处:一是所收必宋元版,不取近人刻本钞本;二是"好自矜啬",他人无有之书,片纸不肯借出。结果,绛云楼一场大火,珍贵的图书毁灭殆尽。曹溶闻知后,惊骇慨叹之余,对于"烬后不复见于人间"①的古书更加痛惜。这场突变对曹溶开放藏书思想的形成有着很大的影响。

在曹溶所著的《流通古书约》中，对古书"十不存四五"②的状况甚为悲叹，并把主要罪责归结于藏书家"以独得为可矜，以公诸世为失策"的偏狭传统。曹溶针对当时藏书楼的状况，认为古书若在常人之手还有阅读和传世的希望，一旦归于藏书家，就要密藏不传，永世不得再见天日。这样做的结果，使古书"举世曾不得寓目"，"稍不致慎，形踪永绝"。对于这种行径，曹溶痛斥道："自非与古人深仇重怨，不应若尔！……特我不借人，人亦决不借我，封己守株，纵累岁月，无所增益，收藏者何取焉！"

为了改变这种状况，曹溶提出了两个比较现实可行的办法。第一种办法，是藏书家写出所缺图书的目录，藏书家之间"有无相易"，然后再"精工缮写"，相互交换抄本。这种办法主要是为财力不济的藏书家们提供的，以使他们破费不多便可增加收藏。第二种办法，是藏书家出资刊刻珍稀图书，"出未经刊布者，寿之枣梨"，以使古书能够传世。这种办法是为有财力的藏书家们提供的，要他们"节燕游玩好诸费，可以成就古人，兴之续命"。这就是曹溶所提倡的流通古书之"约"。对于传抄和出版这二种方法，曹溶自己颇有信心，认为只要藏书家们付诸实施，就会达到"古籍不亡"的目的。只是其影响和效果究竟如何，我们还无从知道。

应当指出，《流通古书约》的思想仅仅停留在不使古书湮灭的水平上，并不是从社会需求出发的，所谓"流通"也仅限于藏书家之间，因此其局限性是很明显的，与真正意义上的藏书开放还有着不少的距离。但是，曹溶毕竟发出了打开藏书楼大门的呼唤，抨击了旧藏书楼"秘不示人"的陈规，提出了将图书从藏书家的重重禁

---

① 曹溶《绛云楼书目题辞》。
② 本段及下段中的引文，均出自曹溶《流通古书约》。

锢中解放出来的方法,在当时的历史条件下已属难能可贵了。近代著名图书馆学家缪荃孙就曾高度评价过曹溶的主张,认为《流通古书约》"为流通古书创一良法,藏书家能守此法,则单刻为千百化身,可以不致湮灭,尤为善计"。① 这个评价是公允的。

继曹溶之后,清朝又出现了两位卓尔不群的藏书家,一位是丁雄飞,另一位是黄虞稷。丁雄飞字菡生,江浦人,"生有书癖",②积书达数万卷,有藏书楼名心太平庵。黄虞稷字俞邰,晋江人,居金陵,是著名藏书楼千顷堂的主人,人称"藏书甲金陵"。③ 丁、黄二人因同有嗜书之好,成为至交。为了互通有无,增加各自的收藏,二人订下互借图书的协议,这就是流传后世的《古欢社约》。协约规定,每月十三日丁到黄家,二十六日黄到丁家,"尽一日之阴,探千古之秘,或彼藏我缺,或彼缺我藏,互相质证,当有发明"。④ 协约还有二人共同遵守的借书规则,如借期不超过半月,还书不得托他人转交等。丁、黄二人的《古欢社约》实际上是与曹溶的《流通古书约》一脉相承的。丁雄飞和黄虞稷到底受到了曹溶主张多大的影响,我们尚不清楚,但无论怎样,丁、黄都是曹溶思想的继承者和实践者。

大约在半个多世纪之后,我国又出现了一位重要的藏书家和思想家周永年。周永年字书昌,山东历城人,清乾隆年间进士,曾被征为翰林,参加了四库全书的编纂,当时称得上是一代名儒。周永年撰写了《儒藏说》,建立了"藉书园",提出了"天下万世共读之"的鲜明主张,在我国文献收藏史上占有十分重要的地位。

周永年认为,古往今来图书的散失,原因皆在于"藏之一地不

---

① 缪荃孙《流通古书约》按语。
② 丁雄飞《古欢社约》,录自《金陵通传》。
③ 《古欢社约》。
④ 《古欢社约》。

能藏于天下,藏之一时不能藏于后世"。① 而图书保存较好的,是佛、道二家的典籍,原因是建立了佛藏、道藏,"惟藏之有法,故历久不替。"因此,周永年欲仿效佛藏、道藏,建立"儒藏",由此而提出了"儒藏说"。周永年立志于此,"愿与海内同人共肩斯任,务俾古人著述之可传者,自今日永无散失,以与天下万世共读之"。

周永年的"儒藏说"的实质不在于藏,而是要藏书公开,并认为只有藏书公开才是保存典籍的万全之策,"盖天下之物,未有私之而可以常据,公之而不能久存者"。周永年希望通过建"儒藏"之举,使古今儒者的著述得以保存和流传,永不亡佚,以达到"人有存没而学不息,世有变故而书不亡"的目标。

建立儒藏不仅仅是为了保存古书,更重要的是要使图书得到利用,"变天下无用之学为有用之学",使"奇文秘籍渐次流通",这正是周永年超越同时代藏书家的过人之处。周永年所提倡的"儒藏",是从社会文化的需求着眼,从知识分子,尤其是贫寒书生的需要出发的:

> 穷乡僻壤,寒门寒士,往往负超群之资,抱好古之心,欲购书而无从。故虽矻矻穷年而限于闻见,所学迄不能自广。果使千里之内有儒藏数处,而异敏之士或裹粮而至,或假馆以读,数年之间,可以略窥古人之大全,其才之成也,岂不事半功倍哉!

这在当时确实是一个了不起的思想,也是一个开创性的主张,称得上是公开利用藏书的首倡。

那么,这种"儒藏"应当如何建立呢? 周永年提出了具体的方法,拟定了《儒藏条约三则》:

第一,官方和民间携手同建儒藏。"于数百里之内,择胜地名区,建义学,设义田,凡有志斯事者,或出其家藏,或捐金购买于中,

---

① 周永年《儒藏说》,以下数段所引亦同。录自《四库大辞典》。

以待四方能读之人。……力不论其厚薄,书不拘于多寡,人人可办,处处可行。一县之长可劝一县共为之,一方之巨族可率一方共为之"。实际上是有钱者出钱,有书者出书,有权力和影响者施以权力和影响,使儒藏成为全民性的公益事业。

第二,儒藏要建立在"山林闲旷之地",以防火灾和其它灾害发生。

第三,儒藏对四方读书之人开放,尤其要面对无力购书的贫寒之士。为儒藏所设的义田收入,除购置图书外,还要为来读书的寒儒补贴食宿和生活,"凡四方来读书者,如自能供给,即可不取诸此,寒士则供其食饮。……极寒者并量给束脩,免其内顾之忧"。这样做实际上是尽量让更多的人能够读到儒藏之书,可谓用心良苦。

周永年不仅积极阐述和宣传自己的思想,而且付诸实施,身体力行。他"竭数十年博采旁搜之力,弃产营书,久而始萃",积书达数万卷,其中,"旧藏、古椠、缮钞、稀见之本亦略具焉"。[①] 周永年把自己辛勤积蓄的藏书全部公开,并命名为"藉书园"。藉者借也,藉书园即为公开借阅图书之所,"使学者于以习其业,传钞者于以流通其书,故以藉书名园"。[②] 周永年以此明志,表达了他不愿将藏书私有,而主张公诸天下读书之人。

周永年是我国古代最重要的藏书家和思想家之一,其思想之深刻,见解之超群,论述之周密,行动之果敢,都称得上是我国文献收藏史上亘古第一人。和周永年同时代的大学者章学诚就曾多次高度评价周永年的言行,并曾将天一阁、述古堂等诸家藏书与周氏藉书园做过比较,认为前者不过都是"或以炫博,或以稽数,其旨不过存一时之籍而不复于永久,著一家之藏而不复能推明所以然

---

① 章学诚《藉书园书目序》,见《文史通义》外篇二。

② 《藉书园书目序》。

者广之于天下"的浅陋之徒，"其智虑之深浅，用心之公私，利泽之普狭，与周君相去当何如耶?"①然而，周永年这位先驱者却是悲剧性的人物，"有志而未逮"，②生前他的进步思想不为世人所理解，反被讥为迂腐;藉书园的藏书也因天灾人祸，几经损失，最后化为乌有。

周永年之后约一百多年，清朝又出现了一位进步藏书家国英。国英是满清的贵族，字鼎臣，满姓索卓络，道光年间曾任内阁中书。国英的文化修养并不算高，"仅习满汉文字"，但却酷爱典籍，"廉俸所余，独以购书"。③ 他有感于当时"藏书家秘不示人，而寒儒又苦无书可读"的状况，曾与一些人共同建立了"崇正义塾"，供贫寒士人读书。晚年辞官归里，又在家族宗祠旁建立了一座藏书楼，名之曰"共读楼"，将平生所藏的图书二万余卷、法帖四百余册全部对士人开放。

国英在谈到公开藏书的动机时说:"其所以不自秘者，诚念子孙未必能读，既使能读，亦何妨与人共读。成人成己，无二道也。"这无疑是一种先进的藏书观，其社会动机也是十分高尚的。国英认为，藏书公开不仅是为了让图书物尽其用，而且也是对社会的一种贡献，可以让更多的人"谙练其才，扩充其识，将可以济时局，挽颓俗，储经邦济世、安民正俗之学，为异日报国资"。因此，共读楼主要收藏实用的图书，以供贫穷书生阅读之用。国英为此曾自豪地说:"共读楼之藏书，非嗜古也，只以备寒酸抄读。视夫藏书嗜古，非宋元版不收者，诚逊谢不如也"。④ 这种抛却只重珍善古本的陈习，以实用、开放为目标的藏书思想，正是国英超乎同时代藏

---

① 《藉书园书目序》。
② 《藉书园书目序》。
③ 国英《共读楼书目·自序》，光绪六年(1880 年)版。
④ 以上均见《共读楼书目·自序》。

书家之上的一个有胆识的见解。

国英不仅仅大力倡导藏书公开,创办了共读楼,而且还撰写了一篇《共读楼条约》。我们从中不仅能知道当时共读楼开放的情况,还可以了解和分析清朝中后期藏书开放的宗旨、实践及其局限。《共读楼条约》的主要内容可以归纳为:

——藏书楼定期对外开放。除正月、腊月两个月外,每月逢三、八两日,自巳正(上午十时)至申正(下午四时)开放。但乡试、会试时例外,乡试期间自七月二十五日至八月初五日连开十天,会试期间自二月二十五日至三月初五日连开十天,以供来京应试的考生阅读。

——楼内阅览,书不出楼。国英本人及家人都不例外,以防图书散亡。取书也采用闭架的方式,楼下设有阅览桌椅。由执事者代为上楼取送,每次以一至二种为限。

——读书者要有相识的亲友介绍,每次不超过二十人。读书者经介绍后,要先到宅中取得"图章条一纸",凭此入楼阅览,只有家塾教师可以例外。

——对藏书严加保护。读者如有损坏图书的行为,永远不得入楼。看守藏书楼的家人如不守规约,轻者要罚一个月的薪俸,重者则要逐出家门。每年三、四、六、七、八月,每月要晒书二次,以保护图书。①

与周永年相比,国英在思想认识上并没有实质性的超越,但在实践上却取得了相当的成功。共读楼的规模虽不大,却产生了不小的影响,时人称之为"寒儒之荒年谷"②,称国英为古来藏书家中第一位"与人共读者"③。共读楼之所以能够如此,国英的满族贵

① 见《共读楼书目》。
② 《共读楼书目·后序》。
③ 《共读楼书目·跋》。

胄和退休高官的身份,固然帮了不少忙;但更为重要的是,当时中国历史已经跨入了近代社会,西方涌来的社会改革浪潮正在有力地叩击着中国古老藏书楼阁的大门。因此,在国英和共读楼的身上,既有着旧时代的烙印,也折射出新世纪的曙光。

需要指出的是,藏书开放固然是我国古代某些藏书家的卓越思想和行动,也与新式的图书馆有某些相通之处。但开放部分藏书与开放型的图书馆并不是一回事,前者是在有限的范围内开放一些高度封闭化的藏书,后者是建立在社会需求基础之上并为社会提供服务的图书文献系统,二者在性质上是有差别的。当我们考察中国图书馆形成的历史时,追溯我国古代藏书开放的思想是必要的,但藏书开放的思想和某些具有开放性质的藏书楼并不是中国新型图书馆的前身。新型图书馆的源头在西方,中国的藏书楼至多只能发展到藏书开放的程度上,且无法得到广泛的社会认同。本章所提到的藏书家们只能成为旧事物的叛逆者,却无法充当新事物的创建人,即证明了这一点。

四、炮舰·福音书·图书馆
——西方传教士与中国图书馆

尽管中国的藏书楼有着数千年的悠久历史,尽管中国古代的藏书家中也有大力倡导藏书开放的有识之士,但是,我国第一批超越了旧式藏书楼窠臼的新型图书馆,却是西方传教士们所创办的基督教图书馆。[①] 这似乎是人们很不情愿看到的事情,于是有些人干脆不承认它们是中国的图书馆和中国图书馆史的一部分,更不承认它们在中国图书馆发展史上的地位、作用和影响。其实,基督教图书馆在中国的出现和发展,并在中国图书馆史上占有一席之地,本不足怪。恰如上文所说,近代式的新型图书馆不可能从古老的中华文明中土生土长而来,不可能从中国悠久的藏书楼传统中自行蕴育并产生,它只能是"西风东渐"的产物,只能从输入西方式的模式开始。而西方传教士这一特殊的团体则又在这种特殊

[①] 本章所论及的是西方传教士在中国境内所创办或与之有较深关联的各类图书馆。对于这些图书馆,本书统称之为基督教图书馆。这里需要指出的有两点:这里所说的基督教,除个别注明者外,均是广义的,包括天主教、新教、东正教及景教诸派系,并非国内习惯专指的新教而言。文中所涉及的图书馆,既包括西方传教士们创办的以宗教研究和传播为目的图书馆,也包括各种基督教会所资助、扶植或教会背景较深的社会图书馆、研究图书馆和学校图书馆。严格讲来,后者不属宗教图书馆的范畴,但由于它们均为西方传教士们所直接或间接创办,往往与前者没有明确的分界,因此在本章中一并进行分析讨论。

的传播中起到了特殊的媒介和渠道的作用。

据西方神学家的研究，基督教教义传入中国的时间，甚至远在基督教创立之初的公元一世纪，亦即中国的东汉年间就开始了。[①]但这种基于传说的推断还称不上是信史。十字架登上神州大陆的可信时间是在唐朝，其确凿的证据便是西安出土的立于唐建中二年(781年)的"大秦景教流行中国碑"。在这座著名石碑的碑文中，有景教教主"占青云而载真经"，"远将经象，来献上京"的记载。[②] 另外，在敦煌鸣沙山石窟中也发现有唐代景教经文抄本多部，据这些经文记载，景教经文有五百三十部，仅"大秦景教流行中国碑"的作者景净就译出三十部，[③]可见，早在基督教传入中国之初，便伴随着频繁的传书、藏书活动。

景教属聂斯脱利教派(Nestorianism)，并非基督教之正宗，在我国中原地区流传的时间也不算太长。基督教在中国具有历史影响的传教事业，实际上始自明代中叶著名天主教耶稣会传教士利玛窦(Matteo Ricci)，以及他的继承者、明末清初的汤若望(Johan Adam Schall Von Bell)、南怀仁(Ferdinand Verbiest)等人。这一时期的传教士们也曾在中国文献收藏史上留下了他们的足迹，其中最为重要的便是著名传教士金尼阁(Nicalas Triganlt)所创立的"教廷图书馆"。金氏曾于明万历年间两次来华传教。当他于1614年返回欧洲时，曾遍游德、法、比等国，向各方募集图书，共得到西方书籍七千余部。这些数量庞大、门类齐全的西方图书进入中国，是中西文化交流史上的大事件，并由此创立了中国境内第一个颇具规模的基督教图书馆。因此，金尼阁在其名著《基督教远

---

① 穆尔《一五五〇年前的中国基督教史》，郝镇华译，中华书局，1984年。

② 《大秦景教流行中国碑》，载于《一五五〇年前的中国基督教史》。

③ 沈福伟《中西文化交流史》，上海人民出版社，1985年。

被中国记》中曾称："在中国成立了名符其实的教廷图书馆。"①

　　至明末清初之际,中国的基督教图书馆有了进一步的发展,在北京形成了著名的"四堂"图书馆,②即南堂图书馆、东堂图书馆、北堂图书馆和西堂图书馆:

　　1、南堂图书馆。南堂是葡萄牙耶稣会的教堂,建于明万历二十八年(1600年),其创始人便是利玛窦。利玛窦以介绍西学为主要传教方法,所以南堂积累了大量的宗教和科学书籍。利氏死后,南堂得到教皇保罗五世赠送的大批图书,内容有神学、哲学、法学、数学、物理及其它西方科学。清代南堂的索主教(Ugr Polgcarpe de Souga)和汤主教(Mgr Alexander Gouvca)都是图书收藏家,曾为南堂的收藏增色不少。十八世纪末,中国的耶稣会奉教皇之令解散,各地天主堂的藏书都集中于南堂收藏。道光十八年(1838年)南堂的书籍移至北京俄罗斯修道院。

　　2、东堂图书馆。东堂也是葡属耶稣会教堂,系顺治七年(1656年)皇帝所赐建。当时著述较多的传教士,如汤若望、南怀仁等人,都居住于东堂,因此他们的著作和参考书也在其中,图书的收藏十分丰富。后因战乱,东堂被焚,烬余残存者只有数册而已。

　　3、北堂图书馆。北堂属法国耶稣会,是康熙三十九年(1700年)皇帝拨地拨款所建。北堂的藏书在当时数量最多,也最有价值,欧洲各研究院和皇家科学院都曾赠送北堂大量学术著作,甚至法国的国王及政府要员也为北堂收集书籍。从嘉庆年间开始,北堂逐渐衰落,清政府旋以八千两银的代价出售北堂。当时幸有一

---

　　①　方豪《中国天主教人物传》,中华书局,1988年。当时并无"图书馆"的名称,"教廷图书馆"之称是后人翻译时所用。下文中有很多这样的情况。

　　②　同上文一样,"四堂图书馆"是后人记叙时所用的名称。下文中有关"四堂图书馆"的材料主要出自方豪《北平北堂图书馆小史》,原载《图书月刊》第3卷第2期,1944年。

位中国教士薛司铎,将北堂的藏书及其它贵重物品转移到城外,后又运往张家口外的西湾子。直至同治五年(1866年),这批图书才几经周折运回北京,但大部已毁坏流失。

4、西堂图书馆。西堂是耶稣会以外传教士们的寓所,创建于雍正三年(1725年)。西堂藏书的基础是教廷专使来华时携带的一大批书籍,以及主教和方济各会士们的遗书。嘉庆年间,清廷驱逐教士离境,西堂藏书迁至南堂。

后来的北平西什库天主教堂(即北堂)图书馆便是汇合了南、东、北、西四堂的藏书而成的。据1938年的整理统计,北堂图书馆计有西文书五千余册,中文书约八万册,其中有很多稀世珍本,如西方十五、十六世纪出版的图书,教士与中国基督徒早期翻译的西方名著,宋、明版刊本及抄本,清帝御赐本,方志,武英殿聚珍版图书等。

在1840年鸦片战争之前,基督教在中国的传播基本上是以平等、自愿的方式,在尊重中国主权的前提下进行的,因此其性质主要是东西方意识形态在思想文化上的一场碰撞和交融,其结果无疑会起到促进中西方社会发展和科学文化进步的作用。事实正是如此。利玛窦、汤若望等人以传播西方科学知识为主要方式的传教活动,曾不同程度地征服了像徐光启、李之藻这样的上层士大夫,甚至一些中国的帝王,使世代囿于龙文化传统之下的中国人开阔了视野,学习到了一些为数虽少、却是极为可贵的西方科学知识。而独具异彩的华夏文明也经由传教士之手介绍到了欧洲,直接为十八世纪席卷欧洲的启蒙运动提供了精神养料,促进了欧洲近代文明的诞生。

然而,这场由传教士们触发的中西文化的震荡,却并没有给中国图书馆的历史带来实质性的影响。传教士们苦心经营多年的教廷图书馆、"四堂"图书馆等,除了几本当时绝大多数中国人都不知道、也读不懂的洋文书外,与中国传统的藏书楼或寺院藏经并没有什么区别。其原因既在于当时西方的图书馆尚未达到足以超越中国藏书楼的先进水平，也因为当时的中国还没有变革旧式藏书楼的社会要求。

但是在1840年之后，情况就发生了根本性的变化。在一阵阵强劲西风的震撼下，中国古老的藏书楼阁摇摇欲坠，根基动摇。传教士们用炮舰和福音书，在中国的土地上创建了一座座令中国的藏书家们瞠目结舌的、明显居于先进水平的新式图书馆。从中国图书馆发展的角度看，基督教图书馆在中国的历史是从鸦片战争之后才真正开始的。

基督教传教士在中国的传教事业在鸦片战争之后得到了迅速的发展，但是这种发展都是西方列强武力征服和签订一系列不平等条约的结果，因此理所当然地受到中国各阶层人民的强烈反对。如果说在利玛窦的时代，士大夫们对基督教的种种非难还带有传统观念中保守、偏狭成分的话，那么在19世纪后期，中国人民与基督教传教士之间的斗争，就不再仅仅是思想文化方面的冲撞，而具有了反对外来侵略、维护国家主权和民族自尊的性质。频繁发生的教案，以及随之而来的内乱与外患，给近代中国带来了斑斑的创伤，这是历史的事实。但是我们也应看到，传教士们为了达到传教的目的，往往要以西方的科学文化做媒介，而西方的资本主义文化与中国传统的封建文化之间是有着先进和落后之别的。因此，传教士们在中国的一些活动，尤其是在文化教育方面的活动，在客观上还是有所建树和作为的，这也是历史的事实。中国的基督教图书馆在很大程度上就具有后者的性质。

有人曾称西方传教士在中国扮演了"文化掮客"的角色，①这是恰如其分的。总的看来，西方传教士在中国的基督教传教事业上是失败的，不仅没有达到"中华归主"的目标，反而引发了一系

① 费正清《剑桥中国晚清史》下卷第五章，中国社会科学出版社，1985年。

列的激烈冲突;但他们作为文化掮客却取得了相当的成功,在科学文化传播上得到了远远大于宗教传播的成就。这也许并不是传教士们的初衷,但却得到了"无心插柳柳成荫"的结果。中国近代基督教图书馆的出现及其产生的社会影响,便是这种结果之一。

近代中国到底有多少基督教图书馆,我们无法得知,因为全国各种教会团体,如教会机构、教会学校、教会医院,以及传教士们所直接或间接参与的文化教育机构,都可能会有数量不等的藏书。但是,并不是所有的这类藏书都称得上是近代新型图书馆,称得上近代新型图书馆的也不见得都有广泛的社会影响。所以,我们仅挑选了几例具有典型意义、并在中国近代图书馆发展史上有过一定作用的基督教图书馆予以介绍和分析。①

1、徐家汇天主堂藏书楼。建于 1847 年,由耶稣会传教士创办,隶属于徐家汇天主堂耶稣会总院,是上海众多的天主教图书馆中规模较大的一所。其藏书现归上海图书馆收藏。

2、工部局公众图书馆。建于 1849 年,1851 年起称上海图书馆,自 1913 年起改名为公众图书馆,又因其英文名称 Public Library,S. M. C. 而译作工部局公众图书馆。这座图书馆本是上海英租界的西方侨民筹办的,但教会在其中起了相当的作用,图书馆的多任主管都是西方传教士。

3、亚洲文会北中国支会图书馆。建于 1871 年,创始人是英国牧师伟烈亚力(Rev Alexander Wylie)。亚洲文会是伟氏创办的研究东半球文化的学术机关,曾得到英国政府的支持资助,这所图书馆便是它的附属机构,以收藏东方学文献为主。

4、圣约翰大学图书馆。建于 1894 年,原为约翰学校藏书室,后用捐建者的姓氏命名为罗氏藏书室,(Low Library),圣约翰大学

---

① 下文中关于近代基督教图书馆的材料,除注明者外,均出自胡道静著《上海图书馆史》,上海市通志馆,1935 年版。

是美国圣公会创办的教会学校,罗氏藏书室即为该校附设的图书馆。至 1919 年前后,该馆已具备相当的实力,成为我国境内规模最大的大学图书馆之一。

5、格致书院藏书楼。建于 1901 年,由英国传教士傅兰雅(John Fryer)创办。上海格致书院是傅兰雅在 1876 年创办的一所专门传授西方科学知识的新式学堂,其藏书楼实际上是一所专为华人读者开设的图书馆,以收藏中国古籍和中文译著为主。该馆后来毁于火灾,残本四千余册为上海市立图书馆接收。

6、文华公书林。1903 年创办,1910 年正式建成开放,创始人是韦棣华(Mary Elizabeth Wood)。武昌文华大学本是美国圣公会创办的教会学校,文华公书林即为该校之图书馆。但文华公书林却对武汉三镇的公众开放,因此兼有大学图书馆和公共图书馆的双重性质。①

在我国图书馆的发展史上,这些基督教图书馆占有何种地位呢?

首先,基督教图书馆是我国近代出现年代最早的新型图书馆,起到了"为天下之先"的示范作用。从十九世纪末年起,我国的洋务派、维新派人士才开始认识、鼓吹和筹办新型的图书馆,至于较为成型的近代图书馆,如京师大学堂藏书楼、古越藏书楼的出现,已是本世纪初的事了。而传教士们创办的图书馆从十九世纪四十年代起即已在我国出现,在时间上遥遥领先了半个多世纪。即使是创办年代较迟的文华公书林(1903 年),也是武昌出现的第一所公共图书馆,比湖北省图书馆的创办(1904 年)还早了一年。近代图书馆在我国从无到有的突破,实际上是由基督教图书馆最初实现的,相当一部分中国人对图书馆的认识,也是从这些"洋书楼"开始的。在我国图书馆史上,基督教图书馆启蒙、范例的作用,是

① 黄宗忠《武汉大学图书馆学系六十年》,载《武汉大学学报》1980 年第 6 期。

不容忽视的。

　　其次,这些基督教图书馆大多具备了开放型的特点,与传统的旧式藏书楼形成了鲜明的对照。如工部局公众图书馆便以"公开的书林"和"供中外居民教育娱乐之需"为标榜,其公共阅览室每天从早九时至晚七时全日对公众开放,这在十九世纪下半叶的中国还是一件从未有过的"西洋景"。再如格致书院藏书楼,曾号称是"第一所为谋华人读者便利的图书馆",时人亦有"惠我士林"之誉。最为突出的是文华公书林,它虽是一所学校图书馆,却坚持对武汉三镇的公众开放,还举行公开演讲会、读书会、故事会、音乐会等活动,以吸引读者上门读书。在读者服务的方式上,基督教图书馆也有诸多独到之处,如圣约翰大学图书馆和文华公书林都实行开架借阅。文华公书林还实行了为较远读者送书上门的"巡回文库"制,①格致书院藏书楼采用挂"粉牌"的方式向读者宣传图书,等等。②

　　需要指出的是,并不是所有的基督教图书馆都无条件地对公众、尤其是对中国民众开放的。如徐家汇天主堂藏书楼,起初只供耶稣会会士使用,后来教徒或由教会人士介绍,经主管司铎同意,也可进馆阅览,实际只是一种半开放状态。即使是以"有益于普通的公众"为口号的工部局公众图书馆,藏书绝大多数却是外文书刊,这对于中国的"普通公众"来说其实是谈不上什么"有益"的。然而,不管基督教图书馆的大门全开、半开还是有条件地开,与"门虽设而常关"的旧式藏书楼相比,毕竟是有着性质上的差别的。

　　第三,许多基督教图书馆有着丰富、系统、别具一格的藏书,极大地丰富了我国近代图书馆的收藏,在当时及后世都发挥了重要

---

　　① 《武汉大学图书馆学系六十年》。
　　② 《上海格致书院藏书楼书目·本楼观书约》,光绪三十三年,商务印书馆版。

的作用。徐家汇天主堂藏书楼收藏有大量的中国方志,其数量居全国第四位;同时因为建馆时间较早,年代久远的早期报刊收藏也很完备,如整套的《上海新报》、《申报》、《教会新报》等,为全国所罕见。亚洲文会北中国支会图书馆藏有丰富的东方学文献,包括许多珍贵的早期书刊,曾被誉为"中国境内最好的东方学图书馆"。格致书院藏书楼的中文东西学译著是其一大特色。这些宝贵的文献收藏,至今仍是我国图书馆无法替代的重要财富。

第四,有些基督教图书馆拥有先进的、明显优于我国藏书楼的馆舍和设备。1910年建成的文华公书林馆舍,号称"十万元建筑",名噪一时。1914年建成的圣约翰大学图书馆,是上海第一座专用的图书馆馆舍,采用中西参半的新式二层建筑,建筑费耗银两万两,书库容书可达三万册,并有良好的设备设施。这些基督教图书馆的范例,对我国图书馆馆舍及设备条件的改善无疑会有推动作用。

第五,基督教图书馆带来了西方图书馆的新式管理方法和先进技术。以收藏中文图书为主的格致书院藏书楼,对旧籍用四部分类,而新书则划分为科学、算学等三十六类,这是用新式科学分类法类分中文图书的首次尝试。早在1909年孙毓修翻译介绍杜威法之前,亚洲文会北中国支会图书馆就采用了杜威法及克特著者号码表,为这部后来在中国影响甚广的西方分类法的应用开创了先例。而圣约翰大学则是使用杜威法类分中文图书的最早的图书馆,其方法是用杜威法中一些使用率不高的空号码来容纳中文图书,如000为经部、181为中国哲学、951为中国史等。这种方法虽然不尽合理,但影响却很大,在几部中文分类法问世之前,国内许多图书馆都用这种办法来类分中文图书,以求中外文图书能在编目中得到统一。首先使用卡片式目录的也是基督教图书馆。亚洲文会北中国支会图书馆早在1908年就编成了一套字典式的卡片目录,并附有杜威法分类索引。圣约翰大学图书馆的卡片目录最为完备,除书名、著者目录外,还编有一套标题片,同时编制子目片和分析片。基督教图书馆编制的新式书本式目录也不少,较有影响的有《上海格致书院藏书楼书目(1906 年)》、《圣约翰大学罗氏图书馆书目(1907 年)》等。可以说,在如何开办西方式图书馆的问题上,基督教图书馆是主要和直接的教师。

第六,也是最为重要的,基督教图书馆输入了西方式图书馆的思想和模式,使中国人摆脱了传统藏书楼的窠臼,在社会上树立了新式的图书馆观念。早在 1877 年 3 月,《申报》就曾载文说:"本埠西人设有洋文书院(即工部局公众图书馆,当时的正式名称是上海图书馆),计藏书约有万卷,每年又添购新书五、六百部,阅者只需每年费银十两,可随时取出披阅,阅毕缴换。此真至妙之法也!"可见这些洋式图书馆当时已引起中国士人的关注和羡慕。陈珠在 1906 年撰写的《上海格致书院藏书楼书目序》中说:"上海向有格致书院,近由西士傅兰雅君商诸各董,添设藏书楼。……吾知登斯楼者,既佩诸君之热诚毅力以惠我士林,而尤不能不为内国士大夫愧且望也。"并疾呼:"裨益学术,光我文治,抗衡欧美,将在乎是!"[①]奋起效法之情溢于言表。基督教图书馆促进了这种社会观念的形成,而这种社会观念之深入人心,又是我国近代图书馆产生和发展的基本社会条件。

清王朝灭亡后,基督教图书馆在中国的活动并没有中止,反而更加活跃,活动方式也有了很大的变化。尽管这些内容已不属本书论述的范围,但为让读者了解我国基督教图书馆的历史全貌,这里再对现代时期的中国基督教图书馆做一简单补充介绍。

辛亥革命之后,尤其是经过 1919 年的"五四"运动,中国的社会状况发生了很大的变化。中国民众的民族主义意识不断高涨,知识阶层中对西方列强控制中国教育文化事业的现状极为不满,

---

① 《上海格致书院藏书楼书目》,光绪三十三年商务印书馆出版。

开展了"收回教育权"等爱国运动。传教士们迫于这种强大的压力,为了能够在中国社会继续生存和传教,便提出了"更有效率、更基督化、更中国化"的应变新口号。① 在这种形势下,传教士们兴办的各类图书馆也开始尽量减少"洋气",如任用中国学者为主管人,大量收藏中文书刊,对教外读者开放,加入中华图书馆协会等,以期能得到中国人民的认可。教会刊物《真光杂志》就曾载文,建议开办一个全国性的"中国基督教流通图书馆",免费对社会开放,"欢迎各阶层知识界利用图书馆来享受极自由的无限制的教育,或作种种的研究","使全国基督徒在同一图书馆之下,共同读书与研究学问,成为精神食粮上的大团契;更使教外读者与教会发生友谊的联系"。② 这个设想虽然最终没有实现,但却反映了传教士们在图书馆办馆方针上的重要变化,即摒弃急功近利式的传教方法,通过为中国社会服务和与中国民众建立友谊的方式,间接地达到团结教徒和传播教义的目的。因此,在"五四"运动后的现代时期,基督教图书馆的宗教色彩大为减弱,宗教宣传的手法更为隐晦,与同时期中国人兴办的各类图书馆相比已没有明显的差异。这是中国基督教图书馆发展史上的一个重大转折。

值得注意的是,基督教图书馆的"中国化"改革,并不意味着传教士们放弃了传教的目标。著名的燕京大学及其图书馆的创办者司徒雷登就曾说过:"燕京大学的成立是作为传教事业的一个组成部分的,……我要燕京大学在气氛和影响上彻底基督化,而同时又要甚至不使人看出它是传教运动的一部分。"③基督教图书馆改革的实质也在于此。但是由于这种变革,使基督教图书馆不再

---

① 顾长声《传教士与近代中国》,上海人民出版社,1981 年。

② 汤因《中国基督教流通图书馆组织建议》,载《真光杂志》39 卷 9 号,1940 年 9 月。

③ 司徒雷登《在华五十年》。

是游离于中国文化教育事业之外的独立王国,而是在很大程度上融为中国图书馆事业的一部分,也使更多的中国知识分子能够利用这些图书馆,使其发挥出更大的社会作用。因此,从中国图书馆事业发展的角度看,基督教图书馆的这种变革还是有许多积极意义的。

根据1937年的统计,中国基督教(新教)的图书馆共有114所,其中教会机关17所,神学院7所,大专院校19所,中学71所,藏书共约二百万册。[①] 天主教的图书馆未见专门统计,但在数量上不会低于新教图书馆。其它教派组织,如东正教传教士团,也有一定数量的图书机构。与近代时期相比,现代时期的基督教图书馆虽数量增多,且更有实绩,更少宗教色彩,但在中国图书馆发展史上的影响、作用却远不如前一阶段重要。究其原因,主要在于当时中国图书馆向近现代过渡的进程业已完成,国内图书馆与西方图书馆之间在性质上已没有大的差异,不再需要基督教图书馆提供启蒙和范例。从1936年的统计看,国内各类型图书馆已达5183所,[②]而且出现了诸如国立北平图书馆、国立中央图书馆、北京大学图书馆等高水平的大型图书馆,致使传教士们兴办的图书馆在数量和质量上都相形见绌了。

全国解放后,传教士和外国教会团体在中国大陆失去了继续存在的基础。1949年8月,司徒雷登悄然离开了已经解放的南京,标志着近代西方传教士在中国经营一百多年的传教事业基本结束。

传教士们和他们所创办或扶植的图书馆,这一半殖民地、半封建中国的特殊产物,也由此结束了它们曲折而又复杂的使命,其藏

①　汤因《全国基督传图书馆概况》,载《中华基督教教育季刊》13卷1期,1937年3月。

②　严文郁《中国图书馆发展史》,(台)枫城出版社,1982年。

书大多归并到其它图书馆收藏。但是,它们的历史轨迹却不会消失,如同外国教会和传教士是中国近现代历史的一部分一样,基督教图书馆也是中国图书馆历史的一部分,已经融汇在中国图书馆事业的发展之中。

五、千年惊梦后的呼唤

——新式图书馆思想的形成

　　中国新型图书馆的源头虽然在西方,这种新型图书馆在中国的先行者也是来自西方的传教士,但是,创建中国的图书馆,主角是中国人自己,是中国人民自身奋斗和中国社会发展的结果。然而,新式图书馆思想在中国的出现却是姗姗来迟的。

　　自1840年鸦片战争后,西学开始传入中国。但是在其后的半个世纪中,这种传入是极其缓慢的,而且就地域而言,主要局限在几个通商口岸,从致力于此的中国人来看,也只有少数从事"洋务"的官员。中国的上层统治者和士大夫阶层仍然背负着几千年的巨大惰性,生活在传统的精神世界里。即使是那些热衷于洋务的官员,也主要着眼于兵器制造、筑路开矿等具体技术知识,而绝少注意到西方政治、思想、文化方面的作用和影响。最能说明问题的典型例证是《书目答问》一书。这部流行一时的书目著作出自以提倡新政著称于世的洋务派大员张之洞之手,刊行于国门开启后数十年的光绪二年(1876年),但这部洋洋大观的书目却仍囿于传统的四部图籍,而绝少提到西学。这种形势,决定了中国早期具有新型图书馆性质的为数极少的藏书楼都出现在京城和通商口岸城市,而且大多是在西方人(主要是传教士)的直接或间接参与下建成的。至于明确、系统的图书馆思想,则迟迟未能在士大夫阶层中形成。我们称这一时期为中国图书馆的酝酿时期。

十九世纪九十年代是一个重要的转折点。这一时期帝国主义列强对中国的侵略和扩张进入了一个新的阶段,中华民族面临着前所未有的被瓜分的危机。1895年中日甲午战争的失败,使中国的民众。尤其是沉酣于几千年儒学传统的士大夫们,悚然惊醒。正如康有为所说:"非经甲午之役,割台偿款,创巨痛深,未有肯翻然而改者。"梁启超也说:"唤起支那四千年之大梦,实自甲午一役也。……支那则一经庚申圆明园之变,再经甲申马江之变,而十八行省之民,就不知痛痒,未曾稍改其顽固嚣张之习。直待台湾既割,二百兆之偿款既输,而鼾睡之声,乃渐惊起。"①甲午的风云未散,法国即声称华南和西南为其"势力范围",德国占了胶州湾,俄国占了旅顺口。英国则继续强行维护其在长江流域的利益,西方诸列强还掀起了"争夺租借地"的狂潮。在这种亡国灭种的冲击和恐惧之下,中华民族的有识之士终于开始挣脱了千年传统的束缚,把目光投向了西方,开始走上了学习西学、变法图强的道路。

　　千年梦醒之后,中国的士大夫们对西方的看法产生了根本性的变化,逐渐认识到西方列国不是什么"蛮夷之邦",而是代表了当代的一种强大文明;所谓西学也不仅仅是"声光电化"等先进技术,而是包括政治体制、价值观念和文化教育等诸多内容在内的完整体系。这种认识,逐渐从沿海到内地,从少数洋务官员到整个士大夫阶层及上层统治者,汇聚成一种强大的思想舆论,形成了中国近代史上西学传播的第一次高潮。

　　在这个高潮中产生了一批向西方寻求救国救民之道的有识之士。他们虽然分属于洋务派、维新派等不同阵营,政见也不尽一致,但在学习西方的过程中却产生了一种共识,即都把兴办教育、建立学堂、开发民智作为社会改良的首要内容,而兴办新式教育的主要内容之一又是建立西方式的图书馆。这种思想的出现并在舆

---

　　①　梁启超《戊戌政变记》。

论中逐渐占据主导,是中国人在效法西方的过程中一个重大的转折和突破,新型图书馆思想即由此开始形成。

因此,我们将十九世纪九十年代称作中国图书馆的萌芽时期。这一时期的主要特点,主要是关于新式图书馆的思想认识在社会上出现和日臻成熟,并形成了一种强大的社会舆论和不可逆转的社会发展潮流。与后来中国图书馆的实施和形成时期(20世纪初年)相比,这一时期中兴建图书馆的实绩并不多,但却更为重要,因为在萌芽时期提出的新型图书馆的办馆思想,奠定了中国图书馆的思想基础,而后的中国图书馆基本上是按照十九世纪九十年代形成的原则和思路发展的。

较早注意到西方式图书馆的是中国近代思想界的先驱林则徐、陈逢衡、姚莹、徐继畬等人。他们在十九世纪四十年代撰写的著作,如《四州志》,《英吉利纪略》、《康輶纪行》、《瀛环志略》等书中,都提到了英美等国的图书馆。但这些著作中仅限于一般介绍,还谈不上明确的思想认识,也没有在中国兴建新式图书馆的具体设想。稍后的清末改良主义政论家王韬,则明确地提出了学习西方图书馆、摒弃旧式藏书楼的思想。他在1883年撰文主张藏书向社会开放,宣扬"藏书于私家固不如藏于公所"的思想,力主设立公共藏书楼。[1] 清末的第一位官费留学生、著名学者马建忠则提出了兴建新式图书馆的具体主张。他在1894年写的《拟设翻译书院议》一文中谈到"院中拟设书楼",并论及新书添购、派人专司、按时开馆、每月查点等管理方法。[2]

第一位系统地提出新式图书馆思想的是近代改良主义先驱郑观应。郑观应是广东香山人,早年曾做过英商的买办,后又任上海机器织布局总办、轮船招商局会办等职,还创办过贸易、航运等企

---

[1]　王韬《弢园文录外编·征设香海藏书楼》。

[2]　马建忠《适可斋记言记行·拟设翻译书院议》。

34

业。郑氏长期接触"洋务",对西方的事务有着较多的了解和认识,因而产生了许多卓越的见解。他的著名著作《盛世危言》刊行于光绪十八年(1892年),其中第四卷《藏书》系统地论述了他的社会图书馆思想,基本上包括了近代新型图书馆思想的主要精髓。

首先,郑氏热情宣扬了"泰西各国"的图书馆事业,对中国旧式藏书楼进行了尖锐抨击。《藏书》中详细介绍了英、法、德、俄、意等西方国家的图书馆,对其国家建馆、公众用书的盛况称羡不已。而中国的藏书楼虽多,却是"私而不公","子孙未必能读,戚友无由借观,或鼠啮蠹蚀,厄于水火",①与西方国家形成了鲜明的对比。郑氏敏锐地认识到,中国藏书楼的这种"强分畛域、墨守陈规"的状况,正是和"广置藏书、以资诵读"、供阅简便的西方图书馆之间的实质性区别。郑氏是第一位从西方图书馆思想的角度揭私藏之弊病、示公藏之利益的中国士大夫。

其次,郑氏把中国兴建公共藏书楼,即新型图书馆提到了救国救民的高度来加以论述。他指出。如果中国广泛兴建起西方式的图书馆,可使国家兴盛有望:"数十年后,贤哲挺生,兼文武之资,备将相之略,或钩元摘秘,著今古未有之奇书,或达化穷神,造中外所无之利器,以范围天地,笼罩华夷,开一统之宏规,复三王之旧制。"兴建图书馆之举,不仅对内可以富国强兵,还可以对外自强称雄:"若合天下之才智聪明,以穷中外古今之变故,标新领异,日就月将,我中国四万万之华民,必有复出九州万国之上者。"郑氏的说法虽有夸大其词之处,却讲出了新型图书馆的主要性质和重要社会功能,起到了惊世骇俗的作用。

第三,郑氏提出了兴建公共藏书楼的具体主张。他认为公共藏书楼应以官办为主,"宜饬各直省督抚于各厅、州、县分设书院,购中外有用之书,藏贮其中,派员专管"。这种"书院"面对全社会

---

① 郑观应《盛世危言·藏书》。下面几段引文未注明者亦出自此书。

开放,"无论寒儒博士,领凭入院,即可遍读群书"。至于购书的经费,则"或由官办,或由绅捐,或由各省外销款项、科场经费,将无益无名之用度,稍为撙节,即可移购书籍而有余"。可以看出,郑氏关于新式藏书楼的种种设想,大体上是按照他所仰慕的西方图书馆的模式所勾画的。

郑观应的图书馆思想也存在不少局限。例如:他认为西方式的图书馆在中国古已有之,系"暗袭中法而成";而中国藏书楼封闭落后的状况,只是由于"所在官吏,奉行不善,宫墙美富,深秘藏庋,寒士未由窥见";建公共藏书楼也是为恢复乾隆年间开放四库的旧观,等等。这种看法是十九世纪末期中国士大夫们对待西方事物的一种通行的观点,是放不下泱泱大国架子的表现,因此限制了人们的视野和对西方的探索。郑观应的图书馆思想也不例外。尽管如此,郑观应仍是中国新式图书馆思想的先驱者。与周永年等人藏书公开的主张不同,郑观应以西方图书馆作为审视的尺度,重新认识和论述了中国的新式图书馆事业,使中国图书馆思想的形成产生了一次实质性的飞跃。

郑观应等人的新式思想问世后,在思想舆论界引起了强烈的反响,谈论介绍西方图书馆,倡议建立公共藏书楼,一时蔚成风气。当时舆论界的主要喉舌《时务报》、《知新报》、《国闻报》、《湘学报》、《万国公报》、《清议报》等都连篇累牍地刊载有关新式图书馆的文章,就连西欧、日本等国图书馆的读者人数,美国图书馆教育的方式等具体的细节问题,都成为这些报刊所津津乐道的话题。这样就使得新式图书馆的观念日渐深入人心,占据了主导的地位,形成了一股强大的思潮。应该看到,与政治体制上的改良相比,兴办图书馆的主张比较容易为国人所接受,不仅提倡新学者乐于此道,固守旧学者也愿意拥护。在维新派看来,新式图书馆固然是开发民智、传播西学的工具,在传统士大夫们的眼中,藏书楼也是弘扬儒学、研读经史的地方,何况又有乾隆年间开放四库的"故事"

可循。在这一时期所形成的图书馆思想中，往往都将图书馆同历代先贤传布经史教化等同起来，并将其列为一大社会功能。因此，尽管兴办新式图书馆的观念是维新人士提出的，但它迅速征服了中国抱有各种观念的士大夫们，成为社会发展的潮流。

这股迅猛发展的潮流很快就影响到统治阶级的上层。1896年，任吏部尚书兼官书局督办的孙家鼐撰文引述了当时通行的观点，指出："泰西教育人材之道，计有三事：曰学校，曰新闻馆，曰书籍馆。"他还提出要在其主持的官书局中设立藏书院，允许"留心时事，讲求学问者入院借观，恢广学识"。① 同年，刑部左侍郎李端棻撰写了著名的《请推广学校折》，奏请建立学堂，提出了"与学校之益相须成者"有五条，其中第一条就是"设藏书楼"。李氏认为应仿效"泰西诸国"和"乾隆故事"，"自京师及十八行省会咸设大书楼"，而且"妥定章程，许人入楼观书，由地方公择好学解事之人，经理其事。如此则向之无书可读者，得以自勉于学，无为弃才矣"！② 湖广总督张之洞在《上海强学会序》中提出了"拟宏区宇，广集图书"的主张。③ 这篇序文虽由康有为代拟，但毕竟是经张之洞本人所认可的。就连光绪皇帝在1898年筹办京师大学堂时也发出过拨款"购图书"的上谕。④ 这些上层统治者的言论和观念，表明了他们对兴办图书馆的认同，也是新型图书馆思想终于在中国形成并占据统治地位的一个重要标志。

在这场决定中国图书馆命运的思潮中，梁启超是最为杰出的一位代表。梁启超，字卓如，号任公，又号饮冰室主人，同治十二年（1873年）生于广东新会，是我国近代著名的思想界先驱和维新派

---

① 孙家鼐《官书局开设缘由》，载《中国出版史料（初编）》，中华书局，1957年。

② 李端棻《请推广学校折》，载《中国近代教育史料》上册，人民教育出版社，1961年。

③ 严文郁《中国图书馆发展史》，（台）枫城出版社，1983年。

④ 《清朝续文献通考》卷106。

主将,也是近代图书馆的主要倡导者和推行者。在 19 世纪 90 年代新式图书馆思想的形成过程中,梁启超以他渊博的学识,敏锐的眼光,过人的才华,生花的妙笔,成为当时影响最大、鼓吹力最强、思想最深刻、成就最卓著的图书馆理论家和活动家,做出了远远超出他人的重要贡献。通过梁启超这个典型代表,我们可以看到我国近代图书馆思想形成的轨迹和其中的精髓。

梁启超出身于一个半耕半读的知识分子家庭,如他自己所述:"启超故贫,濒海乡居,世代耕且读,数亩薄田,举家躬耘,获以为恒"。① 他自幼酷爱读书,十一岁中秀才,十六岁中举人,虽有"神童"之称,但也饱尝了无力购书的苦楚。他后来追忆幼年读书情景时感叹地说;

> 启超故陬澨之鄙人也。年十三,始有志于学,欲购一潮州刻木之《汉书》而力不逮,乃展转请托假诸邑之薄有藏书者,始得一睹。成童以还,欲读西学各书,以中国译出者不过区区二百余种,而数年之力,卒不能尽购。……夫启超既已如是,天下寒士与启超同病者,何可胜道,其知几百千万亿人也!②

童年读书的艰辛播下了梁启超从事公共藏书事业的种子。光绪十七年(1891 年),梁启超从师康有为,读书于广州的万木草堂,开始了他世界观和学术思想的奠基时期。在万木草堂,梁启超创办了一生中的第一所"图书馆"——万木草堂书楼:

> 往者(即在万木草堂读书时期)既与两三同志,各出其所有之书,合度一地,得七千余卷,使喜事小吏典焉,名曰万木草堂书楼。以省分购之力,且以饷戚好中之贫而

---

① 丁文江、赵丰田《梁启超年谱长编》第一册(谱前)上海人民出版社,1983 年。

② 梁启超《万木草堂书藏征捐图书启》,载《饮冰室合集·文集》第三册,上海中华书局,1941 年。

好学者而已。数年以来,同志借读渐众,集书亦渐增,稍稍及万卷。①

梁启超对这个小小"图书馆"的感情很深,后来当他成为著名的维新派领袖时,还念念不忘扶植万木草堂书楼,亲笔为其起草征捐图书的文章。当然,万木草堂藏书楼仍没有超越旧式书院藏书的范畴,这时的梁启超对西方式的近代图书馆还没有什么系统的认识。

1894年,梁启超与康有为一起来到北京,走上了变法维新的政治舞台。面对令人眼花缭乱的西学知识和内外交困的政治局势,年轻好学的梁启超认识到:"今时局变异,外侮交迫,非读万国之书,则不能通一国之书。"②然而在当时的中国要想"读万国之书"又谈何容易:"欲以一人之力,以天下之书,虽陈、晁、毛、范,固所不能,况乃岩穴蓬壁好学之士,都养以从师、凭庑以自结者,其孰从而窥之"。③ 在这种形势下,已经系统研读西学的梁启超把目光从个人集书转向了西方式的图书馆:"彼西学之为学也,自男女及岁,即入学校,其教科必读之书,校中因已咸备矣,其淹雅繁博孤本重值之书,学人不能家庋一编者,则为藏书楼以藏之,而恣国之人借览焉。"④从西方图书馆之中,梁启超看到了他多年梦寐以求的理想目标,也找到了为学、为政的新道路。自此,在中国建立西方式的新型图书馆,就成为梁启超变法维新活动的重要组成部分,也成为他毕生为之奋斗不息的事业。

梁启超着手倡办新型图书馆的第一步是与康有为等维新派人士共同创立的强学会书藏(详见第六章)。当时创立强学会的宗

---

① 梁启超《万木草堂书藏征捐图书启》。
② 梁启超《湖南时务学堂学约》载《饮冰室合集·文集》第三册。
③ 梁启超《万木草堂书藏征捐图书启》。
④ 梁启超《万木草堂书藏征捐图书启》。

旨,乃如康有为所说:"群中外之图书器艺,群南北之通人志士。"①
为办好强学会及其书藏,梁启超投入了极大的热情,把其视为宣扬
新学、启迪民智的开端。他后来追忆说:"时在乙未之岁,鄙人与
诸先辈,感国事之危殆,非兴学不足以救亡,乃共谋设立学校,以输
入欧美之学术于国中。……而组织一强学会,备置图书仪器,邀人
来观,冀输入世界之智识于我国民"。② 然而梁启超等人的理想很
快就破灭了,强学会存在仅四个月即被清廷查封。后来美国传教
士李佳白(Gilbert Reid)筹办备有藏书楼的尚贤堂(又名中国国际
研究院,International Institute of China)时,梁启超力促其成,并在
《记尚贤堂》一文中不无悲愤地写道:

> 中国应举之事千万也。中国不自举,于是西人之旅
> 中国者,仿之悯之,越俎代之。……李君乃为此堂集金二
> 十万,次第举藏书楼、博物院等事,与京师官书局、大学堂
> 相应。其爱我华人,亦至矣。诗曰"无此疆尔界",李君
> 之贤也;又曰"不自为政",抑亦中国之羞也。③

强学会及其书藏被查封后,梁启超兴办图书馆的热情转入到
了研究、鼓吹、倡导西方式的图书馆上,成为中国新型图书馆思想
的杰出代表和集大成者。事实上,在十九世纪末期,梁启超在倡办
图书馆的思想舆论方面的影响和成就要大于他兴办图书馆的实
绩,是他对新兴图书馆的主要贡献。十九世纪九十年代兴建图书
馆思潮的形成和二十世纪初年各地图书馆的普遍兴起,梁启超有
着不可磨灭的功绩。

梁启超于 1896 年 8 月开始任《时务报》总撰述,在他的主持
下,《时务报》不仅成为在全国有巨大影响的维新派喉舌,也成为

---

① 康有为《上海强学会后序》。
② 梁启超《莅北京大学校欢迎会演说辞》,载《饮冰室合集·文集》卷二十九。
③ 梁启超《记尚贤堂》,载《饮冰室合集·文集》第二册。

鼓吹西式图书馆最为得力的一家报刊。在《时务报》创刊号上,曾旗帜鲜明地提出:"泰西教育人才之道,计有三事:曰学校,曰新闻馆,曰书籍馆。"《时务报》各期多次刊载论述图书馆的文章,介绍西方各国的图书馆,报导国内各地筹办藏书楼的消息。在《时务报》的影响下,各种鼓吹维新变法的刊物,如《知新报》、《国闻报》、《湘学报》等都连篇累牍地宣扬和报导新型图书馆,一时风气大开,形成了强大的舆论。

与其他维新派人士一样,梁启超也把兴办新式图书馆看成是学习西方、救亡图存、成就维新大业的重要组成部分。1896 年 12 月《时务报》第 13 期曾刊文指出:"今日振兴之策,首在育人才,育人才则必新学术,新学术则必改科举、设立学堂、定学会、建藏书楼。……斯三者,皆兴国之盛举也。"梁启超也撰写了《论学会》一文,提出了"今欲振中国,在广人才,欲广人才,在兴学会"的观点,而建立学会的目的有十六个,其中有五个都与新型图书馆有关:"……七曰咨取官书局群籍,概提全份,以备储藏。八曰尽购已翻新书,收庋会中,以便借读。九曰择购西文各书,分门别类,以资翻译。十曰广翻地球各报,散布行省,以新耳目。十一曰精搜中外地图,悬张会堂,以备流览。"①正是由于梁启超的重要影响和不懈努力,终于使救国必先治学、治学必先建藏书楼的思想日渐深入人心,成为一种社会共识。

梁启超是一位才华横溢的学者一,其文笔当时享有盛名,在思想舆论界有极大的号召力。梁启超也同样用他那支生动鲜明、气魄宏大的笔来宣扬、鼓吹图书馆。例如,在描述英国等西方国家的图书馆时,他写道:"举国书楼以千百计,凡有井水处,靡不有学人,有学人处,靡不有藏书,此所以举国皆学,而富甲天下也。"②这

---

① 《饮冰室合集·文集》之一。
② 《万木草堂书藏征捐图书启》。

种文采飞扬的"梁启超风格"使他的文章备受读者喜爱,也使他所宣扬的图书馆思想很快为社会所接受。在中国图书馆史上,梁启超是一位卓越的宣传家,其影响是郑观应等人所远远不及的。

对于西方传入的图书馆思想、观念和方法,梁启超不仅仅停留于介绍、宣传和鼓吹,而且还做了系统的研究,并有大胆的创新。这也是梁启超与同时代人相比的过人之处。1896年9月,梁启超在《时务报》上发表了著名的《西学书目表》。该书吸收了西方分类、著录的思想,将当时中国所译的西书分为西学、西政和宗教三大类及杂类(宗教类未录入书目)。西学类包括算学、重学、电学、声学、光学、化学、汽学、天学、地学、全体学、动植物学、医学、图学等十三目,西政类包括史志、官制、学制、法律、农政、矿政、工政、商政、兵政、船政等十目,杂类包括游记、报章、格致、西人议论之书、无可归类之书等五目。《西学书目表》尽管还有许多不尽合理之处,但它的问世,是对一千多年来被视为"永制"的四部体制的一次冲击和突破,为近代新分类法的输入和产生开辟了道路,堪称是中国新分类思想的启蒙著作。

梁启超在戊戌变法前宣传研究新图书馆的一系列活动,对中国图书馆思想的形成产生了重要的影响。例如,"图书馆"一词就首次出现于梁氏主持的《时务报》1896年9月第6册上,其文名为《古巴岛述略》,译自1896年8月26日的《日本新报》。又如,统治阶级上层人物对图书馆的认识许多都源自梁启超,上文中引述的孙家鼐论图书馆功用的文字,实际上是抄自《时务报》;李端棻是梁启超的妻舅,那篇著名的《请推广学校折》据说即出自梁启超的手笔,至少也是在梁的直接影响下写成的。

1898年6月,光绪皇帝发布"诏定国是"的上谕,开始了百日维新。梁启超踌躇满志,认定维新派大显宏图的时机已经到来,并以非凡的热情和才干投入了变法维新活动。在繁忙的政务活动中,梁启超仍没有放弃兴办新式教育和图书馆的理想。在他代总

理衙门起草的《京师大学堂章程》中,专列了"藏书楼"一节。梁启超扬扬洒洒地写道:

> 学者应读之书甚多,一人之力必不能尽购。乾隆间,高宗纯皇帝于江浙等省设三阁,尽藏四库所有之书,俾士子借读,嘉惠士林,法良意美。泰西各国于都城省会皆设有藏书楼,亦是此意。近张之洞任广东,设广雅书院,陈宝箴任湖南,设时务学堂,亦皆有藏书。京师大学堂为各省表率,体制尤当崇闳。今设一大藏书楼,广集中西要籍,以供士林流览,而广天下风气。①

不难看出,在京师大学堂及其藏书楼身上寄托了梁启超兴办教育、创建图书馆的理想和希望。然而,这次梁启超的梦想又落空了。变法维新活动不到百日便发生了戊戌政变,光绪皇帝被囚,梁启超也成了被缉捕的"康梁乱党"主犯,逃往日本避难。他所苦心倡办的京师大学堂虽然侥幸免遭废黜,但藏书楼的兴建却被迫中止,已收藏的一些图书仪器也在庚子事变中毁于兵燹。

梁启超出逃日本后,与康有为一起在横滨创办了《清议报》,由梁启超任主笔,继续宣扬改良主义的主张。在主持《清议报》时期,梁启超仍继续宣传他的图书馆思想和主张,其论述也更为深入和系统。在《清议报》刊载的一篇文章中,称图书馆为"开进文化一大机关",文章写道:"何谓学校之外开进文化一大机关乎?曰,无他,唯广设图书馆可耳。"文中列举了图书馆的八项社会功能:"第一之利,图书馆使现在学校受教育之青年学子,得补其知识之利也;第二之利,图书馆使凡青年志士,有不受学校教育者,得知识之利也;第三之利,图书馆储藏宏富,学者欲查故事,得备参考之利也;第四之利,图书馆有使阅览者,随意研究事物之利也;第五之利,图书馆有使阅览者,于顷刻间,得查数事物之利也;第六之利,

---

① 《京师大学堂章程》,载《近代中国教育史料》(一)。

图书馆凡使人皆得用贵重图书之利也;第七之利,图书馆有使阅览图书者,得速知地球各国近况之利也;第八之利,图书馆有不知不觉使养成人才之利也。"①这些思想表明梁启超已超越了一般维新派人物对图书馆的认识水平,达到了一个新的高度。

梁启超是新式图书馆思想的主要旗手和奠基人。他的思想、言论和行动,对中国图书馆思想的形成并为社会所普遍接受,起到了至关重要的作用。虽然梁启超兴办图书馆的实绩并不多,但他的主张却能深入人心,有着潜移默化的影响。二十世纪初年我国所兴起的创办图书馆的高潮,基本上是按照梁启超等人的思想和主张行事的。

此外还值得一提的是,在完成了兴建新型图书馆的使命之后,梁启超对图书馆的兴趣依然不衰,毕生都在为中国的图书馆事业奔波操劳。1916 年,为纪念蔡锷将军,梁启超发起创办松坡图书馆,并被推为馆长。1925 年 4 月,中华图书馆学会成立,梁启超出任董事部部长兼分类委员会主席,参与了中国图书馆界的许多重大活动。1925 年 10 月,京师图书馆成立,梁启超被任命为馆长,为兴办和维持这所国家图书馆付出了很大的心血。梁启超还用了很大的精力从事图书馆学的研究,写下了《中华图书馆协会成立演说辞》、《图书馆季刊发刊辞》、《中国图书大辞典(部分)》、《佛教典籍谱录考》、《佛家经录在中国目录学之位置》、《古书真伪及其年代》等大量著述,为推动中国图书馆学的发展做出了很大的贡献。1929 年梁启超逝世后,家人遵其遗愿,将其全部藏书捐送当时的国立北平图书馆,包括"饮冰室藏书"二千八百多种、四万多册,新书一百多种、一百四十多册,还有许多墨迹、未刊稿本、私人信札等,均为宝贵文献。梁氏对中国图书馆事业的拳拳之心,由此可见。

---

① 《论图书馆为开进文化一大机关》,载《清议报全编》卷二十。

六、冲破藏书楼的藏书楼

——早期图书馆的出现

在十九世纪末中国图书馆的萌芽时期,主要是有关图书馆的思想舆论形成与高涨的阶段,而创建图书馆的实绩并不多。这一时期中社会文献收藏的主体仍是旧式的藏书楼与少数外国传教士创办的图书馆,但其间也出现了少数近代图书馆。这些新型的图书馆尽管都还不够成熟,有的甚至是短命的,然而却开了风气之先,影响极大,开创了中国人自己办新式图书馆的历史,为二十世纪初年中国图书馆的建设进入实施阶段摸索了经验,建立了模式,打下了基础。

与藉书园、共读楼等藏书机构不同,这些早期的图书馆并不是旧式藏书在某种程度上的开放,而是建立在社会发展和文献需求的基础之上,以西方图书馆为蓝本,以满足全社会或某一特定范围内读者利用文献的需要为目的的新型图书文献机构。因此它们一经出世,便具备了近代图书馆的性质和特征。尽管这些早期的图书馆仍冠之以藏书楼阁的名称,但却已冲破了几千年旧式藏书楼的羁绊,以崭新的风貌出现在世人面前。

在这些名为藏书楼,实际上已冲破藏书楼的早期图书馆中,影响最大、最具代表性的当属同文馆书阁和强学会书藏。

同文馆也称京师同文馆,首建于同治元年(1862年)。它是清末培养涉外翻译人员的学校,隶属于总理各国事务衙门,是中国官方自行创办的第一所新式教育机构。

同文馆在建立之初就伴随着图书的建设。当时的总理大臣、洋务派首领恭亲王奕䜣在1860年的《奏请创设京师同文馆疏》中，就有"饬广东、上海各督抚等，分派通解外国语言文字之人，携带各国书籍来京"①之语，这些由各地教师所带来的"各国书籍"就是同文馆最初的藏书。在其后的几十年中，史料中不断有关于同文馆藏书，尤其是外文藏书建设的记录。如，同治七年（1868年）美国大使劳文罗曾送来书籍若干，同文馆也购书回赠；同治十一年（1872年）法国大使热福里代表法国文学苑赠送同文馆图书十一箱，共计一百八十八册，"以备同文馆肄业泰西文字之用"，同文馆也回赠了《康熙字典》、《昭明文选》等中国书籍一百一十部，以"彼此互读，亦彼此相认"②。经过多年的积累，同文馆的藏书日渐丰富起来。

至迟在光绪十三年（1887年），同文馆就已有了专用的藏书机构——"书阁"。在该年刊印的《同文馆题名录》中，对书阁有过具体生动的记载：

> 同文馆书阁存储洋汉书籍，用资查考。并有学生应用各种功课之书，以备分给各馆用资查考之用。汉文经籍等书三百本，洋文一千七百本，各种功课之书、汉文算学等书一千本。除课读之书随时分给各馆外，其余任听教习、学生等借阅，注册存记，以免遗失。③

由是不难看出：同文馆书阁的藏书数量虽不算多，但绝大多数是洋文书和"功课"、"算学"等新书，已摆脱了旧式"官学藏书"以儒家经典、正史为主的窠臼；采取了西方式图书馆的某些管理方

---

① 奕䜣《奏请创设京师同文馆疏》，载《中国近代出版史料》，中华书局，1957年。
② 《总理各国事务奕䜣等片》，载《中国近代学制史料》第一辑上册甲编第一章。
③ 《同文馆题名录》（第四次），光绪十二年刊。

式,如借阅、注册、存记等;藏书也不再以收藏为主要目的,而是"用资查考",供全校读者借阅使用。因此,同文馆书阁实际上已具备了近代图书馆的性质。

同文馆书阁可以说是我国最早的大学图书馆的雏形。由于同文馆创设于京师,又是中央政府的官办学校,因此它的办学方式在全国有较大的影响。此后,各地相继创办的新式学堂、学校,大多建立了类似同文馆书阁的新型藏书楼,其中很多藏书楼日后都发展成为著名的大学图书馆。如,光绪二十一年(1895年)天津北洋西学学堂建立藏书室,后来发展成北洋大学图书馆,全国解放后改称天津大学图书馆;光绪二十二年(1896年)上海南洋公学创办图书院,1921年后改称上海交通大学图书馆。至于同文馆书阁本身,由于同文馆于光绪二十八年(1902年)并入京师大学堂,同文馆书阁也于同年归于京师大学堂藏书楼,1912年后改称北京大学图书馆。

强学会创立于光绪二十一年(1895年),当时是变法维新运动的总机关,其发起人是维新派的领袖人物康有为、梁启超、麦孟华、杨锐等人。时值甲午战败后不久,康、梁等人为变法图强上下奔走,广造舆论,强学会的目的就是"群中外之图书器艺,群南北之通人志士,讲习其间,因而推行于直省焉"[1]。因此强学会建立了新型的图书机构——强学会书藏。

梁启超在后来追忆创办强学会及其书藏时说:

> 当甲午丧师之后,国人敌忾心颇盛,为稍睿于世界大势,乙未夏诸先辈乃发起一政社,名强学会。彼时同人固不知各国有所谓政党,但知改良国政不可无此种团体耳。

---

[1] 康有为《上海强学会后序》,录自《不忍杂志》第九、十合册。

而最初着手之事业,则欲办图书馆与报馆。①

康有为也曾详细记述了强学会筹办书藏的经过:光绪二十一年七月,维新派人士集会,议开书藏,"各出义捐,一举而得数千金",随后翰文斋也"愿送群书",于是便在北京琉璃厂创建了强学会书藏。书藏成立后,英国和美国公使捐助了"西书及图器",刘坤一、张之洞、王文韶等大员各捐了五千两银,宋庆、聂士成也捐银数千两,使书藏的"规模日廓",成为京师颇具影响的新型图书机构②。

强学会书藏一建立,便仿照西方图书馆的做法,采取了对广大民众开放的姿态,并以普及新学、启迪民智为己任。由于当时的国民还不懂得利用图书馆,强学会的成员便四处邀人、甚至求人来看书。据梁启超回忆,强学会书藏成立后,"备置图书仪器,邀人来观,冀输入世界之智识于我国民。该书藏中有一世界地图,会中同人视如拱璧,日出求人来观。偶得一人来观,即欣喜无量。"③这种传播知识、开发民智的一片热忱,真令人感动不已。因此,强学会书藏可以说是中国人所创办的最早的公共图书馆的雏形。

同年11月,有人即以"私立会党"、"显干例禁"为由,奏请清廷查封,强学会遂被禁,前后仅有四个月的时间。强学会书藏虽是个短命的组织,但影响却很大。据统计,在1896至1898年的几年中,全国各地共成立了学会八十七个,学堂一百三十七所,报馆九十一所④。在这些雨后春笋般涌现的学会等组织中,很多都建立了具有近代图书馆性质的书藏或书楼。武昌质学会在《章程》中称:"今拟广搜图书,以飨会友。中书局外兼购西书,凡五洲史籍,

<hr>

① 梁启超《莅北京报界欢迎会演说》,载《梁启超年谱长编》,上海人民出版社,1983年。

② 康有为《康南海自编年谱》,载《戊戌变法》第四册。

③ 《梁启超年谱长编》。

④ 谢灼华《中国图书和图书馆史》第十章。

格致专家,律制章程,制度政典,皆储藏赅备,以资他山。"上海强学会以"开大书藏"为其主要宗旨之一,具体作法是模仿西方的图书馆:"泰西通都大邑,必有大藏书楼,即中国书籍亦藏弄至多。今合中国四库图书,备钞一份,而先搜集经世有用者。西人政教及各种学术图书,皆旁搜购采,以广考镜而备研求。其各省书局之书,皆存局代售。"衡州任学会"拟设格致书室一所,以开民智,任人观看"。① 这些遍及全国的学会书藏和书楼的大批涌现,成为中国公共图书馆事业的先声,为二十世纪初年各地公共图书馆的普遍建立奠定了良好的基础。

强学会书藏还产生了一个直接的结果,就是促成了官书局藏书院的创办。强学会被查封后,引起了朝野的广泛不满,许多有识之士纷纷上书要求解禁。结果清廷决定将强学会改为官书局,并派吏部尚书孙家鼐任官书局督办。孙家鼐虽然不是维新派,但却接受了一些新思想,主张兴办新式教育和创办图书馆。他站在统治阶层的立场上,反对封禁强学会,认为强学会书藏"意在流通秘要图书,考验格致精蕴",并指出"此日多一读书之士,即他日多一报国之人"②。孙家鼐主持撰写的《官书局奏办章程》中第一条便是"设藏书院"③。按照孙家鼐的主张,总理衙门每月拨发官书局经费一千两银,成为官书局藏书院购置图书的主要经费来源。为保证藏书(尤其是洋文图书)的质量,官书局聘请"通晓中西学问"的洋人教习帮助选购图书,并委派专职司事和译官"收掌书籍"。藏书院成立后,曾各处"咨取书籍","搜求有用之图书"。④ 当时官书局藏书院的藏书主要有"列朝圣训、钦定诸书及各衙门现行

---

① 李希泌《中国古代藏书与近代图书馆史料》第二章,中华书局,1982 年。

② 孙家鼐《官书局开设缘由》,载《中国近代出版史料(初编)》,中华书局,1957年。

③ 孙家鼐《官书局奏办章程》,载《中国近代出版史料(初篇)》。

④ 孙家鼐《议复开办京师大学堂折》,载《戊戌变法法》(二)。

49

则例,各省通志,河漕盐厘各项政书",以及"古今经史子集有关政学术业者"。① 尽管收藏内容上还有官办藏书机构的不少遗风,但仍注意到新学和经世致用图书的收藏。官书局藏书院虽不像强学会书藏那样热衷于图书的传播,但也继承了开放的精神,"用备留心时事、请求学问者入院借观,恢广学识"。② 因此,官书局藏书院的性质也属于近代的新型图书馆,并在某种程度上继承了强学会书藏所开创的事业。而且,由于官书局藏书院具有官办背景,其藏书之规模比强学会书藏更为宏大,社会地位也更牢固。1898 年京师大学堂成立后,官书局及其藏书院都归并于其中,后来成为京师大学堂藏书楼的组成部分(详见第七章)。

---

① 《官书局奏办章程》。
② 《官书局奏办章程》。

七、新型的官学藏书

——京师大学堂藏书楼

　　从二十世纪初年起,中国的图书馆事业进入了全面实施的时期。首先揭开这一序幕的,则是北京的京师大学堂藏书楼和浙江的古越藏书楼,前者是大学图书馆的范例,后者为公共图书馆的先河。它们既是"冲破藏书楼的藏书楼",又是我国第一代规模较大、较为成熟完备的新型图书馆,在中国图书馆史上占有独特的重要地位。

　　旧式官办学校的藏书机构被称为"官学藏书"。这种官学藏书的起源很早,《礼记》中就有周代"礼在瞽宗,书在上庠"①的记载。西汉时期,正式建立了太学,并设有专门的太学藏书,"外则有太常、太史、博士之藏,内则有延阁、广内、秘室之府"②,其中博士藏书即是专用的官学藏书。东汉时期的中央藏书机构有"辟雍、东观、兰台、石室、宣明、鸿都诸藏"③,其中辟雍、鸿都即为中央官学的藏书机构。隋朝文帝年间设立了国子寺,炀帝时又改为国子监,从此国子监就成为我国古代的中央大学和全国教育管理机关,其后各朝代均相沿不改。而以国子监藏书为主体的中央官学

<hr />

① 《礼记·文王世子》。

② 《汉书·艺文志》。

③ 《后汉书·儒林传》。

藏书体系也就最后形成并确立下来,成为我国古代藏书事业的一个重要的组成部分。

至清朝末期,废科举,办学堂,旧时代官学藏书的历史使命就宣告结束了。京师大学堂藏书楼就是在这种历史背景下诞生的。清朝政府本意是将京师大学堂藏书楼作为传统官学藏书的延续来创办的,但它却成了我国新型大学图书馆的开端。因此,京师大学堂藏书楼既是封建王朝所兴办的最后一个官学藏书,也是近代教育兴起后的第一所大学图书馆;它既是我国古代官学藏书几千年历史的最后一幕,也是我国新兴的大学图书馆起步的第一篇。然而就京师大学堂藏书楼本身的性质来看,它所继承的仅仅是传统官学藏书的形式,其内涵却是按照近代教育的需要和西方式大学图书馆的模式,在一个新起点上重新探索起步的近代大学图书馆。因此我们按其内容和形式上的不同特点,称之为新型的官学藏书。

京师大学堂创建于光绪二十四年(1898年)七月,是戊戌变法中"新政"的产物。当时的吏部尚书兼官书局督办孙家鼐任管学大臣,而京师大学堂的实际倡导者和设计者是梁启超等维新派领袖。同年九月,以慈禧太后为代表的顽固派即发动戊戌政变,各种新政、新法尽遭废黜,这时京师大学堂仅建立两个月时间。尽管大学堂本身得以幸存,但兴办新式教育、广育人才、讲求时务等宗旨均已无法实现,其性质实与旧式书院无异。庚子年间(1900年),义和团和八国联军先后进京,京师大学堂被迫停办。光绪二十八年(1902年)京师大学堂复校,张百熙就任管学大臣,学校的各项教育活动逐步正规,并开始转入了近代教育的轨道。1912年5月,京师大学堂改称北京大学。

京师大学堂藏书楼即建立于京师大学堂复校的1902年。实际上,早在酝酿和筹建大学堂的初期,其首倡者和创办人就已经有了在京师大学堂建立藏书楼的设想。光绪二十二年(1896年),刑部左侍郎李端棻就在梁启超参与起草的著名的《请推广学校折》

52

中,首次提出建立京师大学,并同时提出了"设藏书楼"的主张。同年,奉旨筹办京师大学堂的孙家鼐也上书皇帝,指出"仪器、图书,亦必庋藏合度",因此京师大学堂应当"建藏书楼、博物馆"。①就连光绪皇帝也发出了为京师大学堂拨款"购图书、备仪器"的上谕②。关于藏书楼主管官员的人选,清廷和管学大臣孙家鼐也做出了安排,天津的《国闻报》当时曾发表一条《京师大学堂奏派总办提调名单》的消息,其中谈到:"管学大臣孙中堂已于上月二十九日将大学堂总办提调开具衔名,缮折奏派,兹将衔名开列加后:……藏书楼提调一员,詹事府左香坊左庶子李昭炜。"③只是我们尚不清楚这位京师大学堂藏书楼的首任主管官员李昭炜是否曾到任就职。

　　1898 年 7 月 4 日,光绪皇帝正式下令批准设立京师大学堂,任命孙家鼐为管学大臣,并制订了《京师大学堂章程》。这份《章程》是梁启超代总理衙门起草的,其中把藏书楼的建设放置在十分重要的地位。《章程》认为:"学者应读之书甚多,一人之力必不能尽购。……京师大学堂为各省表率,体制尤当崇闳。今设一大藏书楼,广集中西要籍,以供士林流览,以广天下风气。"同时,《章程》对藏书楼的体制做了种种具体规定:藏书楼设主管官员"提调"一人,月薪五十两;提调下辖具体工作人员"供事"十员,月薪十两;藏书楼提调的职责是首先拟出"应购各书目录及藏书楼收藏借阅详细章程"。《章程》中还详细开列了藏书楼的经费预算:"建筑藏书楼费约二万两,购中国书费约五万两,购西文书费约四万两,购东文书费约一万两。"④《京师大学堂章程》是中国近代高

①　孙家鼐《议复开办京师大学堂折》,载《戊戌变法》(三),上海人民出版社。
②　《清朝续文献通考》卷一〇六。
③　《国闻报》光绪二十四年(1898 年)六月初三。
④　《京师大学堂章程》,载《近代中国教育史料》第一册。

等教育史上成文最早、影响最大的官方正式文献，同时也是中国近代图书馆史，尤其是大学图书馆史上最早、最完备的建馆章程。

在京师大学堂成立的同时，官书局也并入了大学堂。这样，原强学会书藏和官书局藏书院的图书也归到了京师大学堂名下，成为京师大学堂的第一批藏书。可惜的是，这些珍贵的图书大都在庚子事变中被毁了。

从这些情况看，可以说在1898年戊戌变法期间，建立京师大学堂藏书楼的条件已经完全成熟了，但它却没有适时地应运而生。究其原因，恰如后来的京师大学堂管学大臣张百熙所说："从前（指1898～1900年）所办大学堂，原系草创，本未详备。……大学堂开办两年，学生从未足额，一切因陋就简。"[1]清政府所允诺的各种办学经费，实际上大部分都没有拨发。这样一来，《京师大学堂章程》中所拟定的包括建藏书楼在内的种种规划，就大都成了一纸空文。加之当时国事多变，京师大学堂成立后仅二个月就发生了"戊戌政变"，学堂虽得以幸存，但规模被迫大为缩小。庚子年（1900年）义和团进京，大学堂停办。同年八国联军攻占北京，大学堂的设备和图书大部被毁。"查去岁（1900年）大学堂先被土匪，后住洋兵，房屋既残毁不堪，而堂中所储书籍仪器亦同归无有。"[2]在这种形势下，建藏书楼的计划是很难实现的。因此，京师大学堂藏书楼虽然是维新变法影响的产物，但却没有在戊戌维新前后直接产生。

光绪二十八年（1902年）一月，清政府迫于朝野上下维新变法的压力，下令恢复已停办两年之久的京师大学堂，并任命张百熙为管学大臣。张氏是一位具有开明思想的教育家，他受命为管学大臣后，马上就把筹办藏书楼列为恢复京师大学堂的一个重要内容。

---

① 张百熙《奏办京师大学堂》，载《近代中国教育史料》（一）。
② 张百熙《奏办京师大学堂》。

他在一份奏折中建议：

> 书籍仪器宜广扩也。……书籍仪器两项，在学堂如农夫之粟，商贾之钱，多多益善。不特前所有者固当买补，即前所无者亦宜添购，方足以考实学而得真才。查近来东南各省，如江南、苏州、杭州、湖北、扬州、广东、江西、湖南等处官书局，陆续刊刻应用书刊甚多，请准由臣咨行各省将各种调取十余部不等。此外民间旧本，时务新书，并已译未译新书，均由臣等择定名目，随时购取，归入藏书楼分别查考翻译。[①]

由张百熙主持制定的《钦定京师大学堂章程》也继承了原《京师大学堂章程》中重视藏书楼建设的精神。张氏的《章程》中把学堂中应有设备的第一项就列为图书，还正式规定"设藏书楼、博物馆提调各一员，以经理书籍、仪器、标本、模型等件"。同时还把重建藏书楼房舍列入《章程》，准备"于空旷处择地建造"。[②] 与1898年不同，本次《章程》中关于设立藏书楼的主张大部分付诸实施了。

1902年10月，从各地官书局征调的第一批图书运送到京，藏书楼的主管人梅光羲正式到任就职。这两件事标志着京师大学堂藏书楼的正式创立。

京师大学堂创办之初的校址在地安门内马神庙（今景山东街）前的和嘉公主旧第，亦称四公主府。这座宅第的中心是一个大殿，殿中供奉着孔子的神位。大殿的后方有一座小楼房，相传是和嘉公主的梳妆楼，这里就是京师大学堂藏书楼的所在地。

藏书楼的主管人当时叫提调官。提调官系沿用古代的官职名称，明清以来任提调职的多是管理文化和教育事务的官员，如提调

---

① 张百熙《奏办京师大学堂》。

② 张百熙《钦定京师大学堂章程》，载《中国近代教育史资料》中册。

学校官、军机处番书房提调官、武英殿修书处提调官等,品级没有定制。京师大学堂中的提调官是仅次于管学大臣和总办的学官,共设有十人左右,分为二种不同的类型:一是协助总办处理日常工作和学生事务的,称"堂提调";二是分管各项专门事务的,藏书楼提调即属此类。

1903 年,清政府颁布全国高等教育纲领《奏定大学堂章程》,其中规定全国大学堂的藏书机构统称图书馆,主管人为图书馆经理官。这是我国的官方文件中首次使用图书馆的名称。但是在京师大学堂,人们仍习惯沿用藏书楼的旧称。当时的作法是:"于楼额仍沿用藏书楼之名,而于章程则标为图书馆"①。而藏书楼的主管人,则从 1904 年起改为图书馆经理官。我们今天所说的京师大学堂藏书楼,也是指整个京师大学堂时期的藏书机构,亦即从藏书楼建立到 1912 年改称北京大学图书馆的整个时期。

京师大学堂藏书楼一经建立,就开始了建设藏书的活动。1902 年复校时,同文馆归并入京师大学堂,后改为京师大学堂译学馆。同文馆书阁,这所我国早期雏形的大学图书馆,其藏书成为京师大学堂复校后的第一批图书。不过这部分图书并没有全部归入马神庙的藏书楼,而是在译学馆中专置了译学馆藏书室来收藏,成为专供学习外语和翻译用的专藏。

为了充实藏书,按照管学大臣张百熙的意见,从 1902 年初就以官方征调的名义收集各省官书局的图书。经清廷批准后,由管学大臣行文:"迅饬官书局将已列各种经史子集以及时务新书,每种提取十部或数部,刻日赍送来京,以备归入藏书楼存储。……统归本省书局项下报销。"②一般说来,只有国家图书馆才有权以国家政权名义在全国无偿征调图书,在当时中国没有国家图书馆的

----

① 《大学堂续订图书馆章程》,北京大学图书馆藏。
② 《京师大学堂档案》第二十四卷,北京大学综合档案室藏。

情况下,京师大学堂藏书楼实际上居于与国家图书馆相当的地位,才有可能这样做,并在多年中实际担负着收集和保存官方出版物这一国家图书馆的职能。这种方法收效很大,1902 年当年就收到了江苏、广东、湖北、湖南、浙江等省官书局的大批图书。再加上采买了一部分中外典籍,估计藏书楼初建时图书可达七万八千册左右。① 当时从各地征调的图书,大部分是经史子集旧籍,以及各省的地方文献等。但其中也有很多新学图书,即所谓"时务新书",如驻日使馆和留日学生编译的《东三省铁路图》、《悉毕利铁路图》等,都是由各省官书局刻印后送到京师大学堂的②。

此后,各地官书局一直是京师大学堂藏书楼的一个重要图书来源。大约从 1909 年京师图书馆(今北京图书馆)建立之时起,京师大学堂就不再用无偿征调各省图书的办法,而改为有偿购买,并由各省提学使负责购书进京。从当时的往来函件中,可以见到各省书局有"请将书价汇寄"的要求,京师大学堂则有"遵照来文汇解归款"及要求各地提学使"照单饬购"等记载③。这一变化,可以视为京师大学堂藏书楼从征调图书的非常时期到购买图书的正常时期的转变。

除了从各省官书局进书,京师大学堂藏书楼还十分注重采购民间的书籍。1903 年就曾派人到南方各省专程采买书籍。此后还通过各种方法访求民间图书。经过数年的努力,收获很大,购置了大量民间刻印和流散的重要图书,其中包括许多宋元刻本、明清抄本等罕见珍品。据统计,从光绪三十一年(1905 年)到宣统三年(1911 年),藏书楼用于购置图书的经费总共用去白银二万五千余

---

① 《国立北京大学廿周年纪念册》,1918 年刊。
② 《京师大学堂档案》第三十六卷,北京大学综合档案室藏。
③ 《京师大学堂档案》第九十一卷,北京大学综合档案室藏。

两。①

作为最高学府的藏书机构和享誉一时的图书馆,京师大学堂藏书楼还接受了许多官方和个人的馈赠。例如:1903 年和 1904年,外务部拨来《海关贸易通商总册》和《古今图书集成》各一部;1904 年,巴陵方氏捐赠了碧琳琅馆藏书;1910 年,清廷赏赐了《大清会典》三部,等等。② 这些捐赠的图书也是京师大学堂藏书楼重要的藏书来源,其中不乏其它途径采访不到的珍品。如方氏碧琳琅馆藏书,即出自清代著名藏书家方功惠。方功惠字庆龄,号柳桥,巴陵(今湖南岳阳)人,曾任广东道员,在广东任职三十余年。他平生嗜好图籍,在广州建立"碧琳琅馆"用以藏书,全盛时曾达二十余万卷,秘本极多,还有从日本佐伯文库收回的珍本。其收藏被时人誉为"粤城之冠"。方功惠于 1899 年去世后,碧琳琅馆藏书运至北京,适逢庚子之变,受到不少损失。其子方大芝是一位颇具开明思想的士绅,决定将所余藏书尽数捐赠给京师大学堂藏书楼。他在捐赠的奏折中说:"大学堂首创京师,卑职适赴引来京,躬逢其盛,观感之深,匪言可喻。每欲自效,苦于无由。继见学堂内有藏书楼一所,新出书籍收采颇富,而旧本秘册尚未完备。卑职不敏,敢引一为己任,愿将家藏旧籍全数报效,藉此以开风气,而资鼓舞。"③方大芝捐赠的图书共计一千八百八十六种、二万二千一百七十册,当时约值银一万二千两。这部分图书后来成为北大图书馆善本藏书的基础。

此外,为了收集各种新学、西学图书,尤其是国外的出版物,京师大学堂藏书楼还开辟了许多图书采访渠道。譬如,请清朝驻各国的公使协助买书,派人出洋购书,请学堂中的洋教习和外国书商

---

① 《国立北京大学廿周年纪念册》,1918 年。
② 《国立北京大学概略》,1923 年。
③ 《方大芝奏折》,方晓山先生藏。

代买图书等。

经过多年的积累和建设,京师大学堂藏书楼具有了雄厚的馆藏基础,无论是古籍善本,还是西学图书,当时都处于全国领先的地位。从1910年图书馆经理官王诵熙主持编纂的《大学堂图书馆汉文图书草目》看,截止到1909年,仅中日文图书就有八千余种。[①] 这些图书的编目和排架方法,都是以经、史、子、集和丛书五类为序,然后再以千字文顺序编号的。

京师大学堂藏书楼丰富的藏书受到了师生们的欢迎,也为这所新创立的大学图书馆带来了声誉。清末有一位名叫陈汉章的举人,原被京师大学堂聘为教席,但他到校后发现藏书楼的收藏十分丰富,就毅然决定不做教席而当学生,以求尽览藏书楼的书籍。经过六年的学习钻研,陈汉章于民国二年(1913年)以甲等第一名毕业,后来成为著名的国学大师。他的研读精神和成才经历曾传为京师大学堂藏书楼的一段佳话。

京师大学堂藏书楼还制订了一整套的规章制度,由此,我们可以看出它的风貌和主要特点。这些规章制度的建立,不仅证实了京师大学堂藏书楼已成为一所初具规模的大学图书馆,而且也对全国的学校图书馆起到了指导和示范的作用。其主要内容有:[②]

1.藏书楼主管人和工作人员的权限和责任。藏书楼的主管人起初叫提调官,后来改称图书馆经理官。藏书楼的工作人员有两种,从事图书管理工作的称供事,从事杂务的称听差。提调官或经理官由总监督任命和节制,其职责是"掌理馆中书籍事务及节制所属供事听差各人"。供事则受命于经理官,主要职责是"掌书籍出入,登记簿录,整理各书籍图报,检查收发书籍及各项笔墨等事"。当时对藏书楼主管官员和工作人员的要求非常严格。经理

---

① 《大学堂图书馆汉文图书草目》,北京大学图书馆藏。

② 以下各项引文,除注明者外,均引自《大学堂续订图书馆章程》。

官要常年住宿在藏书楼,除星期日和假期外不得擅离职守,有要事外出要请假。供事虽不要求日夜住在藏书楼,但也不能随便请假,即使在星期日、年节和暑假,也要轮流值班。供事平日如果擅离职守,或取书时遗失读者的取书单,就要被斥退,倘若遗失图书,还要交由经理官和总监督从严惩处。

2. 图书收藏和整理的方法。藏书楼收到的中外书籍,要当日由供事登录造簿,并由经理官阅看。然后加盖馆藏印章,上有"大学堂图书馆收藏记"印记,一般图书盖在第一册第一页的左角,图画类盖在右角。报刊也是每日查收,每十日装订一次。书刊登录加工后,再进行分编。中、日文图书按经、史、子、集、丛书分类;西文书则"按照各国洋文书类"分编,似乎没有用统一的分类法。著录项目有书名、卷数、册数、著者、译者、门类等几项。无论是图书还是报刊,整理后都要编成书本式目录,作为馆内书刊清册和供读者查检之用。

3. 藏书借阅的方式。藏书楼采取严格的闭架借阅方式,"凡借取书籍图画,须将印单交由供事检查,取出呈阅,不得由取书人自行入室信手翻检"。借书情况由经理官亲自掌握,每日晚饭后,供事要将当日借书的清簿呈经理官过目。教员借书可以优先,还可以不受时间限制,但至多不能超过一个学期。学生借书期限较严,但到期后可以续借一次。此外还有预借服务,如果读者需用的书刊已经借出,可以由经理官询明情况,或由经理官写条向原借者索来翻检查阅,"或俟其还日,知照来取"。每年暑假前,所借书刊一律要归还,以便藏书楼清点核查。

4. 教学用书的供应办法。藏书楼十分重视教科书和教学参考书的服务工作,体现了大学图书馆的工作特点。教员授课需用的图书,先由教员开出书单和学生名单,并报教务提调校准,然后由藏书楼照单发书,优先保证;课程结束后,仍由教员负责交回藏书楼。学生借用的如属教学用书,可以不受时间限制,待课程结束后再归还;如果课程结束后仍需再续,还可以再宽限一个学期。此外,教员还有参与图书事务的义务,"掌一切图书仪器等项"①,图书馆经理官也要由教员兼任②,以保证藏书楼与教学协调一致。

5.禁规和违禁处理办法。藏书楼的禁规有两种。一种是针对工作人员的,如供事借书时"不得少报多付",不得遗失图书等。另一种是针对读者的。藏书楼内严格禁止吸烟,每晚掌灯后也不得开库借书,以防火灾发生。学生借书不得逾期,一旦逾期不还,即由经理官下令停止该读者借书,如有损坏遗失,要照原价赔偿,情节严重的还要报总监督处理,但教学用书损坏只赔半价即可,同时规定藏书楼的图书不得转借他人,违禁者不得再借书。不论教员学生,如有因故离开大学堂的情况,要由教务提调负责,先缴还所欠图书方准离开。

从以上情况不难看出,京师大学堂藏书楼是一所与历代官学藏书性质迥异的新型图书馆,基本上是以西方图书馆的模式创建和发展的,近代大学图书馆所应有的各种主要功能均已具备。这在当时的历史条件下是难能可贵的。

京师大学堂藏书楼的建立与发展是我国近代图书馆史上的一件大事,对我国新式图书馆的成熟与完善有着极大的影响。当时它虽然名为藏书楼,但其性质已完全是新型的大学图书馆。如果从其前身同文馆书阁和强学会书藏算起,它就是我国近代自行创办的最早的新式图书馆,即使以其建立之日为始,它也是当时规模最齐备、影响最广泛的图书馆。由于京师大学堂有着全国最高学府的地位,使得京师大学堂藏书楼在我国图书馆发展史上的作用远远超过了当时的一些传教士、学堂或开明缙绅所创办的新式图

---

① 《奏定高等学堂章程》第五章第四节,引自《中国近代教育史资料》(中册)人民教育出版社,1961年。

② 《奏定大学堂章程》第五章第二十节,引书同上。

书馆。在1909年京师图书馆(今北京图书馆)正式成立之前,京师大学堂藏书楼实际上是我国新型图书馆的一面旗帜和楷模。从各地官书局缴送图书的情况看,京师大学堂藏书楼也在实际上履行着国家图书馆的职能。京师大学堂藏书楼在我国学校图书馆发展史上的作用尤为关键。由于京师大学堂兼有最高学府和全国教育管理机关的双重地位,所以它的办校、办馆方式实际上成了全国院校的一个范例。在1903年清政府颁发的高等教育纲领《奏定高等学堂章程》和《奏定大学堂章程》中明文规定:"大学堂当置附属图书馆一所,广罗中外古今各种图书,以资考证。"①这实际上就是把京师大学堂及其藏书楼的办学、办馆模式在全国进行推广。诚如当年梁启超等人所期望的,京师大学堂藏书楼起到了"以广天下风气"②的作用。此后,办学堂必建图书馆,建图书馆必取法于京师大学堂藏书楼,这在当时兴办新式教育的潮流中已蔚成风气。这种局面的形成,是与京师大学堂藏书楼的作用和影响分不开的。

---

① 《奏定大学堂章程》。
② 《京师大学堂章程》。

八、近代公共图书馆的先河

——古越藏书楼

本世纪初年,兴办图书馆已成为一时风气和社会潮流。这一潮流肇始于受海外影响较多的东南各省,很快便席卷全国各地。其中得风气之先的,要数浙江徐树兰创办的古越藏书楼。

徐树兰,字仲凡,号检庵,浙江绍兴人,道光十七年生(1837年),光绪二十八年(1902年)卒,终年六十六岁。光绪二年(1876年)中举人,授兵部郎中,以输资为候选知府,补用为道花翎盐运使,封一品官职。后以母病归乡,热心于兴办各种社会公益事业,如筹办中西学堂,修筑海堤,建西湖闸,创设义仓,救疫局等,因此深孚社会重望。

徐树兰深受西方思想文化的影响。光绪二十三年(1897年),徐氏创办了西方式的教育机构——绍郡中西学堂,推行新式教育,在东南产生了较大影响。在开办中西学堂的过程中,徐氏对西方科学文化有了进一步的认识,也看到了学堂这种教育方式的不足之处:"职前于光绪二十三年筹办绍郡中西学堂,教授学生,每学不过数十人,或百数十人,额有限制,势难广被。而好学之士,半属寒酸,购书既苦于无资,入学又苦于定例。趋向虽殷,讲求无策,坐是孤陋寡闻,无所成就者,不知凡几。"于是徐氏又把目光投向了西方式的图书馆,认定了开办公共图书馆这条道路。他从西方的图书馆得到了启迪:"泰西各国讲求教育,辄以藏书楼与学堂相辅而行。都会之地，学校既多，大必建楼藏书，资人观览。……一时文学蒸蒸日上，良有以也。"因此，他"参酌各国规制"，创建了古越藏书楼。① 这种以西方先进国家的图书馆为尺度，建立在对近代图书馆的正确认识和深刻理解之上的办馆思想，正是徐树兰之所以能超越周永年、国英等前辈和同辈而跻身于近代图书馆学家行列的过人之处。

古越藏书楼"集议于庚子，告成于癸卯"，②亦即创办于 1900 年，建成于 1903 年。徐树兰在叙述创办古越藏书楼的初衷及经过时说：

> 树兰自维绵薄，平日购书虽仅七万卷，窃愿公诸同好，于郡城西偏购地建楼，为藏书楼之所，并酌拟章程。岁需经费，亦由自捐。请诸疆吏，上闻于朝，以垂永久。明知蹄涔之水，不足以慰望洋之叹，区区此志，就望后之君子匡其不逮，或由此扩充，则为山九仞，亦一篑之基也。③

为举办这一前无古人的事业，徐氏独家捐银八千六百余两，在绍兴城西的古贡院购地一亩六分，开工营造藏书楼。建成的古越藏书楼为四进楼房，前为藏书用的楼房，中有厅堂为公共阅览室，备有桌椅器具。楼中藏书，除徐氏家藏外，又购置了新出的译书及图书、标本、报章等，使藏书总量达七万余卷，仅书目就有三十五卷。这些费用共用银三万二千九百余两。此外徐树兰又每年捐洋一千元，作为古越藏书楼的日常开支。这些钱都是徐氏自捐或筹集的。

---

① 均见徐树兰《为捐建古越藏书楼恳请奏咨立案文》，载《古越藏书楼书目》，光绪三十年十月崇实书局石印本。

② 张謇《古越藏书楼记》，载《古越藏书楼书目》。

③ 徐树兰《古越藏书楼书目》序。

遗憾的是，徐树兰没有最后看到古越藏书楼的建成开放，即于1902年去世。徐树兰之子徐显民继承父志，完成了古越藏书楼的建造，并对全郡开放。"楼成，其乡人大欢，其有司亦为请褒旨于朝。"①辛亥革命前后，古越藏书楼一度停办。1915年徐氏后人呈请继续开办古越藏书楼，受到当时教育部的嘉许。抗日战争前，古越藏书楼改名为绍兴县立图书馆。解放后，其藏书移交绍兴鲁迅图书馆。现在绍兴市胜利路古越藏书楼旧址尚存右库墙门和临街楼。②

　　从现存的《古越藏书楼章程》、《古越藏书楼书目》等文献中，我们可以较完整地看到初创时期古越藏书楼的风貌。它是一座仿照西方式图书馆建立的、完全新式的近代公共图书馆。

　　古越藏书楼有总理、监督、司书、司事及门丁、杂役等管理人员。总理主持藏书楼事务，统领一切。监督的职责是经管经济收支、书籍添购，并稽查各类人员。司书负责藏书的管理，司事负责读者借阅。门丁、杂役等负责看门验证、打扫卫生等事务。为便于管理，楼中备有书目册、器具册、读者名册和收支会计册，由各类人员分别掌管。

　　古越藏书楼的借阅方法系"仿照东西各国图书馆章程办理"。③ 中厅设有六十个阅览座位，因此每日发放六十张"对牌"，即读者阅览证。读者领取对牌需事先登记申请，审核无误后才能进楼看书。借阅以室内阅览为主，每日上午九点至十一点、下午一点至五点为阅览时间。除万寿节、新年、中秋、清明等节日外均对外开放。藏书楼还雇有厨师，读者可以订购早、午、晚三餐，为其读书提供了很大的方便。

---

① 　张謇《古越藏书楼记》。
② 　顾志兴《浙江藏书家藏书楼》，浙江人民出版社，1987年。
③ 　《古越藏书楼章程》。

藏书楼收藏的内容十分广泛。除经、史、子、集旧籍外，还收藏了许多时务、实业等新书。外国文献也占有一定比重，书楼规定："凡已译未译东西书籍一律收藏"，"已译者供现在研究，未译者供将来研究（已通外国文字者）及备译"。[①] 图书之外，还收藏各种学报、日报，以及教学用图、地图、实业图等。又购置了物理、化学仪器和植物标本，这是因为"外国标本器械各学堂皆有之，兹因学校规模未备，故附入藏书楼"。[②] 这些收藏均反映出了古越藏书楼创办者的过人眼光。

尤其值得注意的是，为整理类分这些收藏，古越藏书楼创造了一种全新的图书分类体系。其初，藏书楼是将藏书分为经、史、子、集、时务五部，总体上还没有越出传统的四部法的窠臼。后来，又将全部藏书分为学、政两大部，共四十八类，开创了全新的分类方法。其类目如下：

学部二十四类：易学，书学，诗学，礼学，春秋，四书学，孝经，尔雅，群经总义，性理学，生理学，物理学，天文算学，黄老哲学，释迦哲学，墨翟哲学，中外各派哲学，名学，法学，纵横学，考证学，小学，文学（上下）；

政部二十四类：正史兼补表补志考证，编年史，纪事本末，古史，别史，杂史，载记，传记，诏令奏议，谱录，金石，掌故，典礼，乐律，舆地，外史，外交，教育，写政，法律，农业，工业，美术，稗史。[③]

这种新的分类体系将中西书籍融为一体，是我国学术史、思想史和图书分类史上的一个突破。我们今天不必拘泥于这个分类体系是否科学，类目是否得当，而是要看到它基本反映了近代的科学

① 《古越藏书楼章程》。

② 《古越藏书楼章程》。

③ 参见《古越藏书楼书目》。

体系和当时人们对近代科学文化的认识水平,开拓了分类法的新途径,在揭示最新内容文献的方法上做出了划时代的贡献。

徐树兰及其创办的古越藏书楼在我国近代图书馆史上有着特殊的地位和作用。

首先,古越藏书楼是徐氏以私人之力创办的新型公共图书馆。这在中国图书馆史上是个创举,在世界上也不多见。徐树兰捐集巨资创建了古越藏书楼,其章程第五章第十九节规定:"徐公仲凡之子孙如欲借阅,宜破格以示优异。然亦必关照总理,由总理亲笔开单取书,则司书始能检付。"其"特权"亦仅此而已。在中国近代图书馆事业步入实施时期之始,徐树兰以个人之力,促进了新型公共图书馆的诞生与发展,其功不可没。恰如张謇所评:"世之号藏书者众矣,要之琐琐,其贤者仅著为簿录,以饷天下,下此者,则深键扃。得一善本,沾沾自喜,秘不使人知。其始也,以私其子孙,而终不能以再世。今先生独捐世舍故,不以所藏私子孙,而推惠于乡人。謇知其子孙必能嬗守而不失,互千禩、历万劫而无已也。"①

第二,徐树兰打出了"存古、开新"的旗帜,为尔后的图书馆广泛收集和传播"新学图书",尤其是西方文献开创了一个良好范例。徐氏提出:"不谈古籍无从考政治学术之沿革,不得今籍无以启借鉴变通之途径。"②其实,"存古"只是幌子,"开新"才是实质。古越藏书楼的贡献正在于收藏了大量时务、实业等新书,以及当时国人尚未给予应有关注的外文图书。正因为徐树兰独具慧眼,敏锐地注意到了西方新思想、新学识的传入及其作用,才使古越藏书楼站在了时代发展的潮头,得以开风气之先。

第三,古越藏书楼以西方图书馆为模本,学习和借鉴了西方图书馆的制度与方法。从以上介绍中不难看出,古越藏书楼虽冠之

---

① 《古越藏书楼记》。

② 《古越藏书楼章程》。

以旧式藏书楼之名,但其性质已完全是新型的近代图书馆,是取法于西方而创建的公共藏书机构。徐树兰对西方思想文化的理解与认识,奠定了古越藏书楼的基础,也使古越藏书楼产生了迥异于旧式藏书的巨大社会功用。当时的有识之士正是从这个角度对古越藏书楼予以了高度评价。以兴办实业和文化教育事业闻名一时的张謇就曾说过:"泰西之有公用之图书馆也,导源于埃及、希腊,迨罗马而益盛,今则与学校并重,都会县邑具有之。无惑乎其民愈聪、国愈丰。籀我国之图籍,列州郡盖亦二百五十有奇矣。使各得一二贤杰,举私家所藏书公诸其乡,犹是民也,何必不泰西若。謇持此说,亦尝有此志焉,欲效先生之所为,而亦欲海内藏书家皆效先生之为也。存古开新,宏愿实同,求诸当世,知必有任之者。"①他对徐氏及其古越藏书楼的这种评价和赞誉是很公允的。

① 《古越藏书楼记》。

九、策府弦歌唱神州

——各省图书馆及京师图书馆的建立

在我国图书馆发展史上,真正奠定近代图书馆基础、起到了划时代作用的,当属各地区(尤其是省一级)官办的大型公共图书馆和国家级公共图书馆的建立。因为面向整个地区、乃至全国性的大型公共图书馆是整个图书馆事业的中枢和基础,也是国家图书馆事业崛起和形成的标志;而兴办这样的大型图书馆,又决非私家或团体之力所能办到,只能凭借官府的支持才能实现。

从本世纪初年到辛亥革命,各省的官办公共图书馆如同雨后春笋,相继在各地出现。这是在西方涌来的新思潮的推动下所产生的瓜熟蒂落的效应,也是几代有识之士多年不懈奋斗的结果。它们标志着中国图书馆事业从酝酿时期、萌芽时期,进入了全面的实施时期。

这一时期各地建立的官办大型图书馆不下二十所,情况如下表所列。

清末主要官办公共图书馆一览表

（以创办时间先后为序）

创办时间	名　称	地　点	创办人	备　注
1903 年	浙江藏书楼	杭州	张享嘉	1909 年改浙江图书馆
1904 年 3 月	湖南图书馆兼教育博物馆	长沙	庞鸿书	1905 年正式定名为湖南图书馆
1904 年 8 月	湖北图书馆	武昌		
1904 年	福建图书馆	福州		
1907 年	江南图书馆	江宁（南京）	端方缪荃孙	
1908 年 10 月	直隶省城图书馆	天津	卢靖	
1908 年	黑龙江图书馆	齐齐哈尔	陈世昌、周树模	
1908 年	奉天省城图书馆	奉天（沈阳）	张鹤龄	
1909 年 2 月	山东图书馆	济南	袁树勋	
1909 年 2 月	河南图书馆	开封	孔祥霖	
1909 年 5 月	吉林图书馆	吉林	锡良、陈昭常	
1909 年 7 月	京师图书馆	北京	张之洞、缪荃孙	
1909 年	陕西图书馆	西安	恩寿	
1909 年	归化图书馆	归化	三多	
1909 年	云南图书馆	昆明	沈秉堃	1910 年 3 月正式开馆
1909 年	广东图书馆	广州	沈曾桐	由张之洞创办的广雅书局藏书楼扩建而成
1909 年	山西图书馆	太原	宝棻	
1910 年	广西图书馆	桂林	张鸣岐	
1910 年	甘肃图书馆	兰州	陈曾佑	
1910 年	上海图书馆	上海	盛宣怀	

　　在这些大型官办公共图书馆中，实力最雄厚、影响最大的是南京的江南图书馆和北京的京师图书馆。这南北两大图书馆的实际

创建人,都是我国近代著名的图书馆学家缪荃孙。

缪荃孙,字炎之,一字筱珊,又作小山,晚年号艺风,江苏省江阴县人。道光二十四年(1844年)生,1919年卒,享年七十六岁。他是清末著名的史学家、教育家,也是功勋卓著的藏书家、目录学家和图书馆学家。缪荃孙青年时即致力于考据学、目录学和金石学。同治六年(1867年)中举,光绪二年(1876年)中进士,任翰林院编修,供职于史馆。其间曾被招入张之洞幕府,为张撰写《书目答问》。缪氏毕生酷爱图书,学识渊博。其著述颇多,其中很多都是有关图书和目录学的,除在近代学术界影响极大的《书目答问》外,还有《艺风堂藏书记》,《艺风堂读书记》、《盛氏愚斋图书馆藏书目录》、《京师图书馆善本书目》、《各省志书目》、《宋元本留真谱》等,堪称一代宗师。他的个人收藏"艺风堂藏书",经长期搜求,珍善本极丰,全盛时曾达十多万卷。

江南图书馆创建于光绪三十三年(1907年)。是年缪荃孙受两江总督端方的委派,出任江南图书馆监督,据缪氏自述:"午帅(端方)奏派主图书馆事。十日,偕陈善余赴浙,购八千卷楼藏书,以七万元得之。丁氏书旋陆续运江宁"。① 这批珍贵图书奠定了江南图书馆的基础。此后,又陆续购买了许多图书,并接收清廷拨发的《古今图书集成》等,使江南图书馆的藏书日益丰富。在东南各省中产生了很大的影响。清廷学部曾称:"近年各省疆臣,间有创建图书馆,购求遗帙,以供众览者。江宁省城经调任督臣端方首创盛举,不惜巨款,购置杭州丁氏八千卷楼藏书,存储其中。卷帙既为宏富,其中尤多善本。""各省设立图书馆,在宪政筹备之内,江南最为完备,经费颇省,来阅览者亦多。"②

可见江南图书馆是各省图书馆中的佼佼者,受到了当时朝野

①　《艺风老人年谱》,载《中国古代藏书与近代图书馆史料》,中华书局,1982年。
②　《学部官报》第一〇〇、一五〇期。

普遍的关注。

1912年，江南图书馆改称江南图书局，又改称江苏省立图书馆。民国期间，该馆曾多次易名，有江苏省立第一图书馆、第四中山大学图书馆、江苏大学国学图书馆、中央大学国学图书馆、江苏省立国学图书馆等称，解放后，该馆与南京图书馆合并。

在我国近代图书馆事业史上产生了划时代作用和最重要影响的事件，当首推京师图书馆的创建。

在首都设立国家图书馆的构想由来已久，郑观应、李端棻、梁启超等人都曾倡导过全国性的大型图书馆。然而由于历史的原因，国家图书馆的出现却明显落后于各省的官办图书馆。光绪三十二年（1906年），罗振玉写了《京师创设图书馆私议》一文，再次比照西方诸国提出倡议："方今欧、美、日本各邦，图书馆之增设与文明之进步相追逐，而中国则尚阒然无闻焉。鄙意此事亟应由学部倡率，先规画京师之图书馆，而推之各省会。"①并同时提出了择地建筑、请赐书、开民间献书之路、征取各省志书及古今刻石、置写官、采访外国图书等六项建议。至宣统元年（1909年），清廷筹备立宪，学部于当年三月写出了《奏分年筹备事宜折》提出于宣统元年"京师开办图书馆"和"颁布图书馆章程"②的计划。这样。创办京师图书馆就被正式列入政府日程。

筹建京师图书馆一事由学部大臣张之洞主持。据《张文襄公年谱》记载："（宣统元年）七月廿四日，学部奏筹建京师图书馆。……图书馆之设，经划已久，此折亦几经斟酌。是时，公病亟，学部虑公有不讳，此举必败于垂成，遂于二十五日入奏。"③文中所说之奏折，即著名的《学部奏筹建京师图书馆折》。此项奏议于同年八

---

① 《中国古代藏书与近代图书馆史料》。
② 《学部官报》第八十五期。
③ 许同莘《张文襄公年谱》。

月初五获清廷批准,是为京师图书馆正式诞生的标志。

与此同时,学部委派了主持京师图书馆工作的官员:"奏调丞参上行走、办理图书馆事宜、四品卿衔、翰林院编修缪荃孙,堪以派充该馆监督。又现任国子监丞徐坊,堪以派充该馆副监督。又总务司郎中杨熊祥,堪以派充该馆提调。"①又据《艺风老人年谱》记载,缪荃孙于当年五月即接到任命,"奏派京师图书馆正监督,赴常熟,与瞿氏商进书事"。后因病,缪氏于第二年(1910年)九月才到任:"九月,由京汉火车入都。……时图书馆未建,措北城广化寺开办。到馆任事,分类理书。十一月,传旨召见养心殿,监国(醇亲王)询学务及南北图书馆办事,一一奏对,以学部参议候补。"由此可见,京师图书馆的理书工作是1910年下半年才正式开始的。

辛亥革命之前,京师图书馆处于搜求、整理图书的筹办阶段,一直没有对读者开放,原拟位于德胜门内净业湖的新馆也一直没有建成,暂借什刹海北岸的广化寺为馆址。馆内藏书以翰林院、国子监南学及内阁大库残本为基础,调集各省官书,又征调了翰林院《永乐大典》、库伦"唐开元御制故阙特勤碑拓片"、敦煌经卷、常熟瞿氏藏书、湖州姚氏藏书、扬州徐氏藏书等善本入藏。京师图书馆中设正副监督各一人,提调一人。馆内事务分为典藏科、检查科、文牍科、庶务科四科,各科设正副科长各一人,科员、写官若干人。馆内没有正式的预算经费,用费均由学部请领,每月约千两银左右。类分图书仍以旧法为主,依四库而略加变通。

民国建立后,京师图书馆于1912年8月正式开馆,馆址设在方家胡同。1926年10月改名为国立京师图书馆。1928年7月改名为国立北平图书馆,移至中南海居仁堂。1929年9月,与北海图书馆合并,馆址迁入文津街,仍称国立北平图书馆(北海图书馆

---

① 《学部官报》第一〇〇期。

是中华教育文化基金会董事会用美国退还庚子赔款于1924年建立，初称北京图书馆，又称北平图书馆、北平北海图书馆）。1931年7月，北平图书馆新馆在文津街落成并投入使用。

京师图书馆创建的第二年（宣统二年，1910年），学部拟定的《京师图书馆及各省图书馆通行章程》正式颁布。这是我国官方第一个图书馆法规，也是我国近代图书馆事业史上的一件大事。该章程开宗明义，第一条即指出："图书馆之设，所以保存国粹，造就通才，以备硕学专家研究学艺、学生士人检阅考证之用，以广征博采、供人浏览为宗旨。"应该说这一思想是深得近代新型图书馆之精髓的。章程中对各种公共图书馆的收藏范围、职责、管理制度、流通方法均做了详明的规定，是我国图书馆事业成熟的集中体现。

以京师图书馆的建立和《京师图书馆及各省图书馆通行章程》的颁布为标志，中国的图书馆走完了从藏书楼到图书馆的曲折历程，由此完成了量变到质变的飞跃，一个新型的、西方式的、迥异于几千年藏书楼传统的近代图书馆事业宣告诞生了。

十、附录

（一）上海格致书院藏书楼书目序
陈　洙
光绪三十二年（1906 年）

自汉刘歆总群书为《七略》，班固据之成《艺文志》，至宋谢灵运作四部目录，王俭、王亮、谢朏代有纂述，顾其书或不传。唐秘书郎掌四部图籍，以甲、乙、丙、丁为之部目，藏书分部，盖源于此，实著录家百世不祧之祖欤？厥后《崇文总目》、《书目解题》、《郡斋读书志》相继踵作，类皆排列部次，条理井然，而莫备于国朝《钦定四库提要》一书。当时河间纪文达公及上海陆耳山副宪实司总纂，用能考证详明，通达原委，集千古学术之大成。甚矣藏书之贵有目录，而纂辑之赖有其人也。

上海向有格致书院，近由西士傅君兰雅商诸各董，添设藏书楼，延潘君慎文主持之，县、城、镇之力亦有所不能。然则居今日而欲裨益学术，光我文治，抗衡欧美，度非地方公建之藏书楼不为功矣。上海处东大陆交冲，文明程度，高出内地。各都邑比年学堂、学会相踵林立，独藏书楼之建，自海上书藏旋作旋辍外，惟兹楼幸观厥成。虽由中西绅宦捐助书册，足资扩充，然非傅君等组织经营，成效曷能如此之速？吾知登斯楼者，既佩诸君之热诚毅力以惠我士林，而尤不能不为内国士夫愧且望也。

书目之纂，虽于前哲不知何如，要之不离乎四部分列者则一。

欧美大藏书楼卷轴多者恒数十万计,或至百余万。兹楼创建日浅,继今以往,收藏之富,既非无有终穷,且使各省士夫闻风愧奋,跃然以兴,援安庆藏书楼,古越藏书楼之例,遍设于各省、府、厅、州、县、城、镇,十年之后,吾见排纂目录,传世行远,效法于斯者,亦当万计,置书凡若干卷,远近登览,实繁有人。甬上徐君楚亭搜罗典守,厥功尤巨。今年冬,排纂书目将浸诸版,介余弟潜问序于余,余于古今学术升降之故,未能窥见万一。

　　顾念数十年来,江浙三阁既毁于洪杨之乱,赖浙中绅宦,搜辑补缀于灰烬残缺之余,文澜之书,仅存十五。迄于庚子联军之役,天府图籍悉载而西。于是我文澜阁(文澜阁书今仍在杭州,谓于庚子之役被联军悉载而西,误也。)二万余册之专藏,夷为罗马藏书楼东方陈列品之一。外交内政之风潮,纵横起伏,洄漩而激荡,以侵淫蔓延于学界而不能遏抑,遂使中国藏书蒙一巨厄。观乎盛衰聚散之故,关系国势时局也如此,毋亦运会使之然欤?夫内府图籍虽至今尚存,然非入承明读中秘者不能观,私家藏书,或不数传而星散。若江浙三阁之设,令吾政府具有东西列强之国富,使遍设于各省、府、厅、州,所以裨益学术,光我文治,抗衡欧美,将在乎是。则是刻也,其犹大辂之椎轮,江河之滥觞也夫!

　　光绪丙午十月江浦陈洙序于上海江南制造总局之翻译馆。

　　(原载《上海格致书院藏书楼书目》,光绪三十三年(1907年)商务印书馆出版)

（二）上海格致书院藏书楼藏书规和观书约

清光绪三十三年(1907 年)

本楼藏书规

一、藏书宜先分类列册，编定甲乙字样，以便检取。

二、架上书籍，凡有人检阅后，宜随即整齐，毋得散乱。

三、各种书名暨卷数若干都标明牙签，俾观者一目了然。

四、无论何书，凡有人要检阅，毋得令其自取。

五、所藏诸书只凭人纵观，概不许出借。

六、无论中外新旧译本，凡涉邪辞小说，无益于人及有干例禁者，概不滥入。

七、藏书每年遇夏季伏时宜曝晒一次，以防蠹蛀。

八、初次藏书，议随时续添，现尚未大备，阅者谅之。

九、藏书之外，所有图画及格致仪器药水等，须随同照管。

十、书楼每晚九点半钟熄灯之后，将楼门锁闭，不许携灯入楼。

本楼观书约

一、楼上藏书，名目俱一一标明，粉牌悬挂楼下。凡遵约登楼观书者，请先认定某书某卷，以便检交，其未列名牌上者，概不应命，阅者谅之。

二、楼下桌几备有笔砚册簿，凡欲登楼观书者，请先将姓名住址及书目登册一面，由司事照填联单，凭单观书，无单不准。

三、欲观何书由管书人检交，毋得率自取携。

四、各种书籍或有需节抄者，须自备纸笔，用铅笔最宜，总不得沾污书本,以昭慎重。

五、凡书阅毕,即将该书核对联单,交还互换,持单下楼,将该单交存号房出院。

六、凡观书时不宜喧扰,不准吸烟。

七、无论何书,不许私自携出,有干禁例。

八、凡各报章,择有益于学界者,无论日报月报教报,概照观书例,在楼下阅看,楼上不备。

九、每日午后二句钟起至五句钟,晚刻七句钟起至九句半钟止,礼拜日停阅。

十、每年正月二十外开楼,十二月二十内闭楼。停夏一月,均预期登报周知。

(原载《上海格致书院藏书楼书目》,光绪三十三年(1907年)商务印书馆出版)

(三)上海图书馆史(节录)

胡道静

1、徐家汇天主堂藏书楼

在十七世纪中叶(明末清初)天主教传入中国后,教士利玛窦(Matthaeus Ricci)等研究中国文化,对于书籍就已注意,逐渐收集,以便为教士研究之需。当时传教士多聚于北平,而文化事业亦以北平为中心点,所以藏书楼亦自然成立在那儿。但耶稣会传教士在第十八世纪时中断,故藏书不免损失,可是书楼至今仍然存在,——在西什库——并负有盛名。

1842年(道光二十二年),耶稣会传教士重来中国,其文化重心,移到上海。教士们在徐家汇建立总院,迨1847年(道光二十七年)告成,教士就从青浦横塘的临时寓所移驻徐家汇,"藏书楼之雏形,亦于是时有其轮廓"。

八十多年来,罗致中西要籍,大致完备。自东方图书馆遭难后,它的藏书数量在上海方面是占目下第一位。藏书楼是一所广敞的二层屋子,下藏中文书,上藏西文书。

中文书库 列架一百余,每架十二格,分列经、史、子、集、丛书、圣教书,共约120,000册。另有书柜置各省有名碑帖,又藏中西古钱很多。中籍中以地方志搜集得最多,居公藏方志第五位。东方图书馆毁后进第四位。其藏志数目列表如下:

徐家汇天主教藏书楼藏方志统计表
（1932 年冬之统计数）

	部　　数	册　　数	卷　　数	重复部数
河　北	162	1,545	3,262	9
辽　宁	15	96	190	
吉　林	6	96	154	
黑龙江	2	7	20	
山　东	138	1,314	3,661	67
河　南	128	1,239	2,432	9
山　西	125	1,175	2,340	17
江　苏	142	1,992	4,945	40
安　徽	60	1,115	2,709	9
江　西	106	1,889	3,244	6
福　建	50	867	1,769	5
浙　江	113	1,809	3,722	23
湖　北	91	1,251	2,068	14
湖　南	69	1,051	2,234	4
陕　西	94	518	1,463	10
甘　肃	38	272	496	2
新　疆	1	40	116	
四　川	132	1,193	2,855	8

	部　数	册　数	卷　数	重复部数
广　东	74	1,060	2,173	7
广　西	22	271	706	
云　南	23	390	727	
贵　州	24	299	580	
总　计	1,615	19,489	42,266	230

　　方志以外，收藏著名报纸、杂志亦很完备。《申报》、《新闻报》、《时报》、《东方杂志》、耶稣会所出各种期刊以及关于教育方面的多种杂志，自创刊日起都保存着。中国的现代新闻纸，这藏书楼是眼见着它们降生和长成的，并且替它们好好的保存了可贵的史迹。

　　西文书库　书架亦一百余只，每只十二格。有希腊、拉丁、法、英、德各国文字写的书，古本甚多，各国所出的著名百科辞典及重要杂志均备，共约 80,000 册。"中国学"架中庋藏《十三经》及《三民主义》等书的拉丁、英、法三种文字译本。

　　十七世纪中叶，西士来华传教，并且把科学连带输入。关于传播世界舆地知识者，初有利玛窦绘制的《万国舆图》，继有南怀仁（P. Ferdinand Verblst）的《坤舆全图》。这两种地图虽然都曾印刷过，可是现在很难找得到，因为太大了，不易保存。利氏原绘稿今存北平故宫博物院，《坤舆全图》在天主堂藏书楼还保存着一份。

　　徐家汇藏书总数：除天主堂藏书楼外，徐家汇一带各天主教组织，如耶稣会修士院、大修院及小修院、天文台、博物院、徐汇公学、徐汇师范，也各有专门的或小规模的图书馆，大约共有中西书籍80,000 册，合计徐家汇那一圈地方的存书计 300,000 册左右。

　　徐家汇藏书楼的中西文藏书都已编好了书本目录，但都是稿本，未曾付印。据《徐汇记略》一文上说："中文书目录有书本簿，照《康熙字典》部首为次序，以书名之末一字编成。"例如《康熙云间志》、《至元嘉禾志》,均编于"志"字一列,而排于"心"字簿中,方志另编目录。西文目录照著者之名编有书簿。

2、工部局公众图书馆——前上海图书馆

从上海开港到现在是第九十三年,这个图书馆头尾已有了八十七年的历史。它比上海最早的租界小四岁,比工部局先成立五年。

它是上海最早时代的西侨社会经营的,成立于 1849 年(道光二十九年),起初是一个"书会",到 1851 年(咸丰元年),它已变做了"上海图书馆",由纳费会员支持,每个会员所纳的年费是二十五元,会员中选出董事来管理图书馆事务。这转换形态的经过,据说是"一个目录被送出去兜揽支持一个'书会'的组织的主顾,就在这微弱的基础上逐渐地建起了现在这可观的图书馆"。到 1854 年(咸丰四年),有书 1,276 册,杂志和报纸 30 种。其前一年,会费已减至年纳十五元。

在 1865 年(同治四年)曾有把这个图书馆合并给上海总会的提议,后来甚至于打算出卖与上海总会,可是都没有成为事实。

上海总会自己的图书馆开幕后,上海图书馆因为"所有的常年纳费会员被它拉走了一半",造成了严重的经济恐慌,上海运动事业基金委员会在 1878 年(光绪四年)助以赠款五百两,并且继续赠予二年或三年之久,以图书馆公开为条件。

在 1881 年(光绪七年)工部局赠款现银 250 两,约定该馆应该"保持对于公众每天免费的开放几小时"。次年,赠款减至 100 两。此后的八年间,每年都照这个数目赠给。到 1891 年(光绪十七年)工部局预算案交给纳税人年会讨论时,下列的修正案由波唐的提议和华尼莱脱的附议经通过,"预算表中上海图书馆的补助费应增至六百两"。在建议这修正案时,波唐就提出注意,即假如这增款经通过赠给,他建议该图书馆应在各个警务署举办"免

费的巡回文库"。

1893 年 2 月 7 日 (光绪十八年十二月二十一日) 上海图书馆名誉秘书德罗蒙 (W. H. Drummond) 致书与工部局秘书韬朋 (R. F. Thorburn) 报告一年间工作的进展:

"本图书馆董事会命余陈述下列之报告, 表示彼等去年为谋公众之广大的利益, 努力于造成此图书馆如一'公开的书林'之情况, 以答谢工部局捐金六百两支持其前进之仁惠。

其一, 是年之最早的布置为董事会规定全日开放本图书馆成一公共阅览室, 介于晨九时至晚七时之间。

其二, 三月间, 曾遣送定单回国, 按期订购 (自一八九二年六月一日起) 周报十五种 (包括四种美国的), 其中之极普遍者七种订有双份, 以便列于阅览室之桌上。

其三, 主要之警务署三处, 即中央、虹口与老闸, 已经常免费供给图书阅览, 117 册曾送至中央警务署, 46 册至虹口, 又 30 册至老闸, 总数为 193 册。

余更受命陈述, 董事会将继续奋勉彼等之力, 冀本图书馆有益于普遍的公众。但如图书馆经济之现状, 彼等不能更事增加新闻纸或杂志之供应, 而若干种则确所需要也。"

1894 年 (光绪二十年) 起, 工部局按年补助费增至规银一千两。

可是这图书馆始终是隐在经费恐慌的袭击中, 它于 1896 年 (光绪二十二年) 要求工部局增给年费五百两, 未得允准; 1903 年 (光绪二十九年) 又对于工部局有所请求, 由图书馆名誉秘书李飞写去的函中有两节说:

"此乃吾董事会所自信者, 并愿工部局分其目光。回忆本图书馆近年升腾之迅速, 与继续猛晋之不已, 将自胚胎以成巨构, 必有求于工部局加意抚持其生长与存在, 此所以请求补助今兹不足之数也。将俟来日机运遇合, 本埠居民有较大之学会之组织,本馆即拟形成为彼之一部,以供中外居民教育娱乐之需,则必蔚为租界中优异卓越之特征矣。

　　吾董事会又愿作为随时移权本馆于工部局之准备,以确定此组织之肇端与告竣。彼等常怀自信,协助维持此组织,以俟如是机缘之临遇,倘一日工部局眷顾为适宜支持之物也。"这几句话露出了飘絮谁属的意思,又成了上海图书馆归宿的谶语。"

图书馆的事业支出,特别是薪金一项,逐年增加到了严重的限度;另一方面则因规矩会、西侨青年会的图书馆开幕而减少了会员的增加。在 1912 年(民国元年)初,由图书馆名誉秘书塞斯麻理士(H. W. de. Sausmarez)和工部局总董葛莱(H. de. Gray)一度磋商,愿意将上海图书馆所有的书籍作为上海西侨社会赠给工部局的一样礼物。随后,图书馆举行会员年会,通过此案,并责成图书馆董事会负责进行。董事会并表示了工部局接受后的具体办法的意见:

　　"这图书馆最好由工部局派委的一个委员会去管理,极像现在的管理法一样。那要借书出外的阅者或者仍旧征收会费,可是到阅览室里看书报的应该免费。"

塞斯麻理士于五月十五日将上项建议等具函通知葛莱。工部局秘书李唯逊(W. E. Leveson)于五月三十一日奉命覆函说:"工部局准备等下届纳税人年会通过后就接受西侨社会委托保管的上海图书馆里的书籍作为一个公众图书馆的核心。"

　　明年,工部局得到纳税人年会授给的权力取得这图书馆的管理权,并且遵照图书馆前董事会的意旨,委请三位有兴趣的侨民组织图书馆委员会,"监督它的工作并作为它的一切事务的顾问团"。第一年的三位委员是:达文德(C. E. Darwent),奥斯丁(W. C. P. Austin)和欧贝(H. S. Oppe)。

　　达文德,上海有名的牧师,工部局图书馆委员会前主席委员,在1919年（民国八年）写的一本书里，对于"公众图书馆"很赞扬地说：

> "这图书馆是很完善的一个。它的藏书数在12,000册以上。这是靠不住能够说在这个世界上的什么一个地方也有那末多的书和它的人口相仿的图书馆像上海一样的。伦敦要有12,000,000卷书在它的公共图书馆里才能够有这同样的比率。"

公众图书馆果然值得这样抬举吗？不，达文德把立场完全弄错了。这个图书馆既归工部局直接经营，在社会上的地位，绝对不再是一个小范围享用的外侨社会的私立图书馆了。工部局每年动用了公共租界内大部分中国居民和极小部分外国侨民缴纳的市税来维持这个给市民应用的图书馆，而这图书馆里反而是一本中文书也没有；这戋戋12,000本书又怎么够得上和公共租界内中外居民人数来分配？但是对于工部局这一种乖理的处置，我国人一直到1928年（民国十七年）才给予反响。这年九月下旬，上海图书馆协会致函纳税华人会，请讨论改革的方案及促工部局使该图书馆实行，函云：

> "纳税华人会执行委员会公鉴：启者，工部局年耗巨万之公款以维持市政厅图书馆（即洋文书院）经费，考其内容之腐败，经营之不当，《中国评论周报》言之屡矣。以纳税华人之血汗供其挥霍，而图书馆中曾不能得一中文书籍，宁非世界之怪事！尝闻欧西各大图书馆、巴黎之国家图书馆，莫不遍收中文图书，珍藏馆内，供欧西人士之参考。上海为中华大埠、世界通都，而图书馆腐败至此，宁非市民之羞！他若书籍之陈旧，经营之不适，不特不合图书科学之原理，抑且使阅书者有无书可阅之痛苦。虽有阅览室，只限于少数之入会会员，而数十年前之旧字典，犹高置案头，其他种种腐败情形，不胜枚举。敬请贵

会顾及市民之公意,讨论彻底改革方案,是所至祷。"

上海图书馆协会的建议,没有收到直接的效果。可是公众图书馆也渐渐地自动地意识到改进的需要,尤其是工部局由华人参政后,图书馆委员会中也有了我国人士参加,能够有使它适应于我人享用的改善机会。

1933年(民国二十二年)4月下旬,公众图书馆得到上海市商会秘书严谔声捐赠中文古籍3,800册,特制玻璃柜一座以陈列之,这才有了一点中文藏书的基础。

馆址:在1884年(光绪十年)左右,上海图书馆的馆址在上圆明路(即今博物院路)一号。1903年(光绪二十九年)6月,该馆接到房主通知书,声明租值要增加百分之百。而上年该馆对于向英格兰购买新书杂志的代表已负了一笔很重的信托债款,它遭着这样尖锐的震动,不得不去求援于工部局。这时候,那1898年(光绪二十四年)落成的南京路上的市政厅的北室及其他部分还空着,工部局秘书白兰特(Q. O. P. Bland)就建议让上海图书馆及其公共阅览室迁移进去,不取租值。这建议得到六月二十九日图书馆董事会的欢迎和七月中旬工部局董事会的批准,上海图书馆就安然卜居于市政厅内。

1930年(民国十九年)市政厅因地基出售将拆毁,此时,上海图书馆已是工部局公公众图书馆了,于五月十九日停闭,迁至南京路一○四号,至六月二日重行开放。1933年(民国二十二年)五月一日又迁入南京路别发洋行房屋楼上之新馆址,全部面积四千方英尺,内分三部:

(1)公共阅览室 其中备有各种定期刊物及新闻报纸,入览免费。

(2)订阅图书人阅览室 其中除杂志及新闻报纸外,备有各种参考书。

(3)图书室 此室所占地面最大,所有流通书籍、目录以及收发书籍暨收款处均在其内。室后为儿童阅书处及工作室。

名称的问题：这个图书馆，在私立时代的名称是译意为"上海图书馆"。及至归公办后，改名为（Public Library，S. M. C），译意为"工部局公共图书馆"或"工部局公众图书馆"；最近，它自己标出的华文招牌是"公众图书馆"。再说，它的经过是这么的长久，而一向并没有规定的华文名称，一般地提到它时，就有许多很奇怪的"俗称"，或至今尚未消灭，现在把这些"俗称"写在下边：

"洋文书院"：因为从前这个图书馆中收藏的都是西文书，那时"图书馆"的名词又未为一般所习用，所以把它弄上了"洋文书院"的雅号。这样的称呼起源很早，而且迄今未已，如1934年（民国二十三年）冬季的上海电话公司电话簿上还是这样的写着呢。

"洋文书馆"：从第一个变化来的。不过这称呼有和亚洲文会图书馆的俗称有缠夹的危险，所以一般也不常用。

"洋文图书馆"：也是从第一个变化来的。

"市政厅图书馆"：因它自1903年至1930年是住在市政厅里的，所以得着了这个名称。照现在图书馆名词的定义，"市政厅图书馆"是指专备地方官厅政治上参考之用的图书馆，所以拿这名称来叫公众图书馆是并不妥当的。

组织：该馆现在是工部局总办处直属机关之一。馆内设西主任一人，中西副主任各一人，馆员四人。遇有重大馆务，则均取决于工部局董事会所设的图书馆委员会。

该馆于1910年出版《上海图书馆说部目录》，编排方法按著者字顺排列，共计二百八十页。

3、亚洲文会北中国支会图书馆

1847年（道光二十七年）伟烈亚力牧师（Rev. Alexander Wylie，1815～1887）受伦敦教会的派遣，到上海来从事圣书印刷。他在英国伦敦时对于中国语言和中国事情有了很深刻的研究，到上海后献身于教会工作外，傍及法、德、俄、满、蒙等语言学研究。1860年（咸丰十年）北京条约成，准可外国宣教师在中国内地自由旅行，伟烈亚力就代表大英圣书公会在中国的本部十八省中走遍了十七省。

在他漫游中国内地之先，1857年（咸丰七年）创立了一个研究东半球文化的学术机关，叫做"上海文理学会"（Shanghai literary and Scientific Society），到第二年，就改了现在的名称，它是被英国皇家亚洲文会吸收去作为在上海的一个分会了。十年后，英国政府把所有的现在博物院路的一块地赠给它，于是在1871年（同治十年）造起了它的会所，"里面有一个在中国境内最好的东方学图书馆"。

伟烈亚力把他个人藏书718卷及小册子等捐给"文理学会"，加上其他的卷子，就形成一个"基本的关于东方之书籍的集合"，其数约1,300卷，这图书馆的起源如是。

经过多年不断的努力，至1931年（民国二十年）已有藏书用欧洲各国文字写者15,000册，中国文字写者1,000册，内容多半是专述东方事情，特别是涉及宗教、语言、科学、艺术，史地者。

它所藏的各种年远代久的杂志、报纸和报告书也是它的无价珍宝，这里面保存了无数的东方历史及其研究，更有许多是专门关涉上海的。这里不容多举名目，仅仅是在极度的拣选下写了一点：

Shanghai Municipal Reports. 1866 – 71；1875 to date. (《上海工部局年报》)

Canton Register. 1835 – 39，(《广东记录》)

North China Herald. 1854 – 60；1870 – 82；1908 to date. (《北华捷报》)

Celestial Empire. 1902 – 27。(《华洋通闻》)

Shanghai Evening Courier. 1869 – 74(《通闻晚报》)

Shanghai Budget and Weekly Courier Jan. ,1871 – Dec. ,1874.

（《上海锦囊与每周差报》）

Chinese Repository. 1833 – 51. (《中国汇报》)

China Medical Journal. 1891 – 1902;1908 – 1931. (《博医会报》)

Chinese Recorder and Missionary Journal. 1868 – 71;74 to date. (《教务杂志》)

Journal of the Royal Asiatic Society(《皇家亚细亚学会会报》)

Journal of the R. A. S. ,1. China Branch,Hongkong;2. North China Branch,Shanghai;3. Japan;4. Korea Branch;5. Bengal;6. Bombay,Branch;7. Ceylon;8. Strait Branch,(《皇家亚细亚学会各支会会报》1. 中国支会,香港;2. 北中国支会,上海;3. 日本;4. 高丽支会;5. 孟加拉;6. 孟买支会;7. 锡兰;8. 海峡殖民地支会)。

该会目录第一版为亨利·柯地尔(Henri Cordler)所辑,第三版为约瑟夫·哈斯(Joseph Hass)所辑印,于1894年出版。1894年,菲休(H. E. Fisher)编一新增书之目录,印于亚洲文会北中国支会会报第三十卷中。至1900年印行第四版,编者为阿斯柯(F. W. Ayscough),始用杜威十类法分类。至1921年印行第五版。

那座会所经过了六十年,敝败不堪,就在1931年(民国二十年)七月动工重造过,至1933年(民国二十二年)二月二十三日下午五时开幕。

一般对于这个图书馆常称为"老洋文书馆",有的时候,爽性把老字去掉。

4、格致书院藏书楼

1901年(光绪二十七年)成立,格致书院西董傅兰雅及华董等创设。聘监理会潘慎文牧师主持,华人徐楚亭助之。这藏书楼的目的是在促进中国教育,藏书都是中文的,其中三分之二是四部旧籍,余为东西学译本书。1907年(光绪三十三年)春,潘慎文回国,各董事举广学会季理斐牧师(Rev. Dr. D. Mc Gillivary of the Christian Literary Society)继其任。

格致书院是由于傅兰雅和华人徐寿的主倡,邀集中西绅商捐资建设的,开办于 1875 年(光绪元年),地址在英、美公共租界北海路。1914 年(民国三年)冬,格致书院基地由董事们议决让给公共租界工部局改建格致公学。明年冬天,旧屋拆卸,藏书楼就迁出卜居于龙华路,仍旧保持原来的名义。后来龙华路的房子不幸烧掉,残余的书,由县市教育机关相继保存。到 1932 年(民国二十一年),上海市立图书馆开办时,那项残书 4,340 册,才由市教育局拨存于该馆。

该馆于 1907 年编印《上海格致书院藏书目》六卷。其内容为:卷一经目,卷二史目,卷三子目,卷四集目,卷五丛书目,卷六东西学书目,连补遗共七十八页。又序及规约共六页。

5、中华基督教青年协会图书馆

成立于 1919 年(民国八年),在博物院路青年协会会所内。至 1926 年(民国十五年),有西文书籍 3,500 册,中文书 350 册,性质属于宗教者居大多数。

6、上海中华基督教青年会图书馆

1915 年(民国四年)十月,上海青年会四川路会所内童子部大楼落成的时候,就开始预备开图书馆。至 1920 年(民国九年)成立。1931 年(民国二十年)十二月,上海青年会敏体尼荫路新厦落成,图书馆就从四川路会所中搬到敏尼荫路会新厦中去。所藏书据 1933 年(民国二十二年)底统计,共 24,296 册,性质以文学及社会科学为最。

7、东亚攻究会图书馆

1919 年(民国八年)春,本埠日侨辩护士村上贞吉得北福洋行主人田芳太郎赠金十万元,供给研究"东洋问题"之用。村上就邀同其他四日侨,以上项金额为资本,发起组织东亚攻究会,于四月十二日获得日本驻沪总领事的批准。东亚攻究会的目的是:

一、搜集关于东亚图书及研究资料,俾公众纵览,以便研究东亚问题。

二、研究中国及邻邦诸问题。

三、发行杂志或其他刊行物。

四、发起学术讲演会。

实践上述的第一目的,于是有东亚攻究会图书馆出现。在1927 年(民国十六年)它藏有关于东亚之政治、经济、历史、天文、地理、哲学、宗教、美术、工艺、农矿各科图书 4,000 部以上,其中四分之三是中文书,包括地方志很多;五百部是英、法文书;余为杂书。

这个会和这个图书馆,处处是在针对着亚洲文会北中国支会及其图书馆。

(原载胡道静《上海图书馆史》,上海市通志馆,1935 年版)

(四)藏书
郑观应
清光绪十八年(1892 年)

我朝稽古右文,尊贤礼士,车书一统,文轨大同,海内藏书之家,指不胜屈。然子孙未必能读,戚友无由借观,或鼠啮蠹蚀,厄于水火,则私而不公也。乾隆时,特开四库,建文宗、文汇、文澜三阁,准海内稽古之士就近观览，淹通博洽，蔚为有用之才。作人养士之心，至为优厚。而所在官吏，奉行不善，宫墙美富，深秘藏庋，寒士末由窥见。及寇乱洊经，付之一炬。中兴将帅，每克复一省一郡，汲汲然设书局，复书院，建书楼，官价无多，尽人可购。故海内之士，多有枕经葄史，博览群书，堪为世用者。通商日久，西学流传，南北洋亦复广译西书，以资考证。惟是穷乡僻邑，闻见无多，疆吏亦漠不关心，置之度外，则傲僻孤陋，故我依然，然后知藏书之为益多，而广置藏书以资诵读者之为功大也。

　　泰西各国均有藏书院、博物院，而英国之书籍尤多，自汉唐以来，无书不备。凡本国有新刊之书，例以二份送院收储。如有益于国计民生者，必膺朝廷重赏，并给予独刊之权若干年。咸丰四年（1854年）间，于院中筑一大厦，名曰：读书堂，可容三百人，中设几案笔墨。有志读书者，先向本地绅士领有凭单，开列姓名、住址，持送院中董事，换给执照，准其入院观书，限六阅月更换一次。如欲看某书某册，则以片纸注明书目，交值堂者检出付阅（就长案上静看，不许朗诵。阅毕，签名书后何日何处何人阅过，缴还经手。该值堂年终查核，知何书最行。另有赁书楼，有股份者，每年出书银四元，可常往看。各处新报俱全。只准借书两本，限两礼拜归还。如无股份者，赁阅，每日计银两先付），阅毕缴还，不许携带出门及损坏涂抹。倘有损失，责令赔偿。特设总管一员，司理其事，执事数百人。每年经费三十万金。通国书楼共二百所，藏书凡二百八十七万二千册。此外，如法兰西，书楼共五百所，藏书凡四百五十九万八千册；俄罗斯，书楼共一百四十五所，藏书凡九十五万三千册；德意志，书楼共三百九十八所，藏书凡二百二十四万册；奥大利，书楼共五百七十七所，藏书凡五百四十七万六千册。法京巴黎另有一书楼，异常宏敞，独藏书二百零七万九千册；德京伯灵之书楼，亦藏七十万册；罗马大书院，除刻本外，更有钞本三万五千册，细若蝇头，珍如鸿宝，洵数典之巨观，博学之津梁也。

中国自都中四库外,镇、扬、杭三阁早付劫灰。其家藏最富者,如昆山徐氏之传是楼、鄞县范氏之天一阁、杭州汪氏之振绮堂、钱唐吴氏之瓶花斋、吴门黄氏之滂熹园、石冢严氏之芳茞堂、乌镇鲍氏之知不足斋、昭文张氏之爱日精庐、南浔刘氏之眠琴山馆,所藏古籍,宏富异常。兵燹以来,半归散佚。近日则吴兴陆氏之皕宋楼首屈一指,另建守先阁,请于大府,奏于朝廷,供一郡人士观览,其大公无我之心,方之古人,亦何多让? 独是中国,幅员广大,人民众多,而藏书仅此数处,何以遍惠士林。宜饬各直省督、抚于各厅、州、县分设书院,购中外有用之书,藏贮其中(凡外国未译之书,宜令精通西文者译出收储。)派员专管。无论寒儒博士,领凭入院,即可遍读群书。至于经费,或由官办,或出绅捐(比利时国届开国五十年之期,臣民咸醵金上寿,王受而置诸外府,曰:此众人之资,将为众人求益。饬议院议之。下院拟以此款开设格致院一区。广购图书器皿,用供国人探讨格致之学。英君主寿诞,臣民亦醵金筑一大博物院,无物不备,为其君主寿。留名千古,与民同受其福,何乐如之! 宜各国皆当仿行也。)或由各省外销款项、科场经费,将无益无名之用度,稍为撙节,即可移购书籍而有余。仍常年储备专款,分派员役管理稽查。所有新书,随时添购。果能认真经理,数十年后,贤哲挺生,兼文武之资,备将相之略,或钩元摘秘,著古今未有之奇书,或达化穷神,造中外所无之利器,以范围天地,笼罩华夷,开一统之宏规,复三王之旧制,极巍焕,信景烁,皆于读书稽古二事基之矣。

今天下竞言洋学矣,其实彼之天算、地舆、数学、化学、重学、光学、汽学、电学、机器、兵法诸学,无一非暗袭中法而成。第中国渐失其传,而西域转存其旧,穷原竟委,未足深奇,若合天下之才智聪明,以穷中外古今之变故,标新领异,日就月将,我中国四万万之华民,必有复出于九州万国之上者。苟强分畛域,墨守陈规为固陋昏蒙,甘受人制,则印度、琉球、越南、缅甸其已事也。前车已覆,来轸方遒,有识之君子,将何择焉。

(原载《盛世危言增订新编》卷四《藏书》)

(五)请推广学校折

李端棻

清光绪二十二年(1896 年)

奏为时事多艰,需才孔亟,请推广学校,以励人才而资御侮,恭折仰祈圣鉴事。窃臣闻国与天地,必有与立,人才之多寡,系国家之强弱也。去岁军事定,皇上顺穷变通久之议,将新庶政以图自强,恐办理无人,百废莫举,特降明诏,求通达中外能周时用之士,所在咸宁表荐,以备上擢用。纶綍一下,海内想望,以为豪杰云集,富强立致。然数月以来,应者寥寥,即有一二,或仅束身自好之辈,罕有济难瑰玮之才,于侧席盛怀未尽副。夫以中国民众数万万,其为士者十数万,而人才乏绝至于如是,非天之不生才也,教之之道未善也。

夫二十年来,都中设同文馆,各省立实学馆、广方言馆、水师武备学堂、自强学堂,皆合中外学术相与讲习,所在而有,而臣顾谓教之之道未尽,何也?诸馆皆徒习西语西文,而于治国之道,富强之原,一切要书,多未肄及,其未尽一也。格致制造诸学,非终身执业,聚众讲求,不能致精。今湖北学堂外,其余诸馆,学业不分斋院,生徒不重专门,其未尽二也。诸学或非试验测绘不能精,或非游历察勘不能确,今之诸馆未备图器,未遣游历,则日求之故纸堆中,终成空谈,无自致用,其未尽三也。利禄之路,不出斯途,俊慧子弟,率从事帖括以取富贵,及既得科第,遂与学绝,终为弃材。今诸馆所教,率自成童以下,苟逾弱冠,即已通籍,虽或向学,欲从末由,其未尽四也。巨厦非一木所能支,横流非独柱所能砥,天下之大，事变之亟，必求多士，始济艰难。今十八行省，只有数馆，每馆生徒只有数十，士之欲学者，或以地僻而不能达，或以额外而不能容，即使在馆学徒，一人有一人之用，而于治天下之才，万不足一，况于功课不精，成就无几，其未尽五也。

此诸馆所以设立二十余年而国家不一收奇才异能之用者，惟此之故。曰：然则岩穴之间，好学之士，岂无能自绩学以待驱策者？曰：格致、制造、农商、兵矿诸学，非若考据词章帖括之可以闭户獭祭而得也。书必待翻译而后得读，一人之学能翻群籍乎？业必待测验而后致精，一人之力能购群器乎？学必待游历而后征实，一人之身能履群地乎？此所以虽有一二倜傥有志之士，或学焉而不能成，或成矣而不能大也。

乃者钦奉明诏，设官局于都畿，领以大臣，以重其事，伏读之下，仰见圣神措虑，洞悉本原。臣于局中一切章程，虽未具悉，然知必有良法美意，以宣达圣意，阐扬风化者也。他日奇才异能，由斯而出，不可胜数也。惟育才之法，匪限于一途；作人之风，当遍于率土。臣请推广此意，自京师以及各省、府、州、县皆设学堂。府学、县学，选民间俊秀子弟，年十二至二十者入学，其诸生以上欲学者听之。学中课程，诵《四书》、《通鉴》、《小学》等书，而辅之以各国语言文字及算学、天文、地理之粗浅者，万国古史近事之简明者，格致理之平易者，以三年为期。省学选诸生年二十五以下者入学，其举人以上欲学者听之。学中课程诵经、史、子及国朝掌故诸书，而辅之以天文、舆地、算学、格致、制造、农商、兵矿、时事、交涉等学，以三年为期。京师大学选举、贡、监年三十以下者入学，其京官愿学者听之，学中课程一如省学，惟益加专精，各执一门，不迁其业，以三年为期。其省学、大学所课门目繁多，可仿宋胡瑗经义治事之例，分斋讲习，等其荣途，一归科第，予以出身，一如常官，如此则人争濯磨，士知向往，风气自开，技能自成，才不可胜用矣。

或疑似此兴作，所费必多，今国家正值患贫，何处筹此巨款？

94

臣查各省及府、州、县,率有书院,岁调生徒入院肄业,聘师简授,意美法良,惟奉行既久,积习日深,多课帖括,难育异才。今可令每省、每县,各改其一院,增广功课,变通章程,以为学堂、书院。旧有公款,其有不足,始拨官款补之。因旧增广,则事顺而易行;就近分筹,则需少而易集。惟京师为首善之区,不宜因陋就简,示天下以朴,似当酌动帑藏,以崇体制,每岁得十余万,规模已可大成。中国之大,岂以此十余万为贫富哉?或有疑所立学堂既多,所需教习亦众,窃恐乏人,堪任此职。臣以为事属创始,学者当起于浅近,教者亦无取精深,今宜令中外大吏,各举才任教习之士,悉以名闻,或就地聘延,或考试选补,海内之大,必有可以充其任者。学堂既立,远之得三代庠序之意,近之采西人馆院之长,与贤教能之道,思过半矣。然课其既诵而不廓其见闻,非所以造异才也。就学者有日进之功,其不能就学者无讲习之助,非所以广风气也。今推而广之,厥有与学校之益相须而成者,盖数端焉。

一曰:设藏书楼。好学之士,半属寒酸,购书既苦无力,借书又难,其人坐此孤陋寡闻无所成就者不知凡几。高宗纯皇帝知其然也,特于江南设文宗、文汇、文澜三阁,备庋秘籍,恣人借观。嘉庆间,大学士阮元推广此意,在焦山、灵隐起立书藏,津逮后学。自此以往,江浙文风甲于天下,作人之盛,成效可睹也。泰西诸国颇得此法,都会之地皆有藏书,其尤富者至千万卷,许人入观,成学之众,亦由于此。今请依乾隆故事,更加增广。自京师及十八行省会,咸设大书楼,调殿板及官书局所刻书籍,暨同文馆、制造局所译西书,按部分送各省以实之。其或有切用之书,为民间刻本官局所无者,开列清单,访书价值,徐行购补。其西学书陆续译出者,译局随时咨送。妥定章程,许人入楼观书,由地方公择好学解事之人,经理其事,如此则向之无书可读者,皆得以自勉于学,无为弃才矣。古今中外有用之书,官书局有刻本者居十之七八,每局酌提部数,分送各省,其费至省,其事至顺,一奉明诏,事即立办,而飨遗学者,增益人才,其益盖非浅鲜也。

二曰:创仪器院也。格致实学,咸藉试验。无远视之镜,不足言天学;无测绘之仪,不足言地学;不多见矿质,不足言矿学;不习睹汽械,不足言工程之学。其余诸学,率皆类是。然此等新器,所费不资,家即素封,亦难备购,学何从进,业焉能成。今请于所立诸学堂,咸别设一院,购藏仪器,令诸学徒皆就试习,则实事求是,自易专精。各器择要而购,每省拨万金以上,已可粗备。此后陆续添置,渐成大观,则其费尚易措筹。而学徒所成,视昔日纸上空谈,相去远矣。

三曰:开译书局也。兵法曰,知己知彼,百战百胜。今与西人交涉,而不能尽知其情伪,此见弱之道也。欲求知彼,首在译书。近年以来,制造局、同文馆等处译出刻成已百余种,可谓知所务也。然所译之书,详于术艺而略于政事,于彼中治国之本末,时局之变迁,言之未尽。至于学校、农政、商务、铁路、邮政诸事,今日所亟宜讲求者,一切章程条理,彼国咸有专书详言之。今此等书,悉无译本。又泰西格致新学、制造新法,月异岁殊,后来居上,今所译出者率十年以前之书,且书亦甚少,未能尽其所长。今请于京师设大译书馆,广集西书之言政治者、论时局者、言学校农工商矿者,乃新法新学近年所增者,分类译出,不厌详博,随时刻布、廉值发售,则可以增益见闻,开广才智矣。

四曰:广立报馆也。知今而不知古,则为俗士;知古而不知今,则为腐儒。欲博古者,莫若读书;欲通今者,莫若阅报,二者相须而成,缺一不可。泰西每国报馆,多至数百所,每馆每日出报多至数百万张,凡时局政要,商务兵机,新艺奇技,五洲所有事故,靡所不言。阅报之人,上自君后,下自妇孺,皆足不出户而于天下事了然也。故在上者能提办庶务而无壅蔽,在下者能通达政体以待上之用。富强之原,厥由于是。今中国邸钞之外,其报馆仅有上海、汉口、广州、香港十余所。主笔之人,不学无术,所言率皆浅陋不足省览。总署、海关近译西报,然所译甚少,又未经印行,外间未由得见。今请于京师及各省并通商口岸、繁盛镇埠,咸立大报馆,择购西报之尤善者分而译之,译成除恭缮进呈御览,并咨送京外大小衙门外,即广印廉售,布之海内。其各省政俗土宜,亦由各馆派人查验,随时报闻,则识时之俊日多,干国之才日出矣。

五曰:选派游历也。学徒既受学数年,考试及格者,当选高才以充游历。游历之道有二:一、游历各国,肄业于彼之学校,纵览乎彼之工厂,精益求精,以期大成。一、游历各省,察验矿质,钩核商务,测绘舆地,查阅物宜,皆限以年期,厚给薪俸,随时著书归呈,有司察其切实有用者,为之刊布,优加奖励。其游惰而无状者,官则立予降黜,士则夺其出身。数年之后,则辀轩绝域之士,斐然成章,郡国利病之书,备哉灿烂矣。或疑近年两次所派游历学生,未收大效,不知前者所派游历,乃职官而非学童,在中国既未经讲求,至外洋亦未当受学,故事涉空衍,寡有所成。其所派学生,又血气未定,读中国书太少,遽游历绝域,易染洋风,虽薄有技能,亦不适于用。今若由学堂选充,两弊俱免,其所成就,必非前此之所能例也。夫既有官书局、大学堂以为之经,复有此五者以为之纬,则中人以上,皆可自励于学,而奇才异能之士,其所成就,益远且大。自十年以后,贤俊盈廷,不可胜用矣。以修内政,何政不举? 以雪旧耻,何耻不除? 上以恢列圣之远猷,下以慑强邻之狡启,道未有急于是者。若仰蒙采择,乞饬下中外大臣妥议章程遵旨施行,臣一得之见,是否有当,伏乞皇上圣鉴训示。谨奏。

(原载《中国古代藏书与近代图书馆史料》,中华书局 1982 年)

（六）万木草堂书藏征捐图书启

梁启超

今之语天下事者，莫不曰，欧美学人多，是以强，支那学人少，是以弱，真知本之言哉。虽然，学也者，非可以向壁而造、捕风而谈也，则必读书。又不能抱高头讲章，兔园册子以自足也，则必多读书。虽然，以数千年之中国，为书数十万卷，其必读者亦数万卷，加以万国大通，新学日出，横行之籍，象鞮之笔，无一书可以弃，无一书可以缓。然则欲以一人之力，备天下之书，虽陈、晁、毛、范，固所不能，况乃岩穴蓬荜好学之士，都养以从师，赁庑以自给者，其孰从而窥之。启超故陬澨之鄙人也，年十三，始有志于学，欲购一潮州刻本之汉书而力不逮，乃展转请托以假诸邑之薄有藏书者，始得一睹。成童以还，欲读西学各书，以中国译出者，不过区区二百余种，而数年之力，卒不能尽购。洎乙未在京师强学会中，乃始获遍读焉。至于今日，而续三通、皇朝三通、大清会典等，至通行易得之书，犹未能自置十百之一，恃一瓻之谊，乞诸友朋而已。夫启超既已如是，天下之寒士其与启超同病者，何可胜道，其艰苦十倍于启超者，何可胜道。购既大难，借亦非易，其坐是束手顿足，涂目塞耳，降志短气而卒不获大成者，不知几百千万亿人也。彼西国之为学也，自男女及岁，即入学校，其教科必读之书，校中固已咸备矣，其淹雅繁博孤本重值之书，学人不能家庋一编者，则为藏书楼以庋之，而恣国之人借览焉。伦敦大书楼藏书至五千余万卷，入楼借阅之人，岁以亿万计，其各地城邑都会莫不有书楼，其藏书至数十万卷者，所在皆是。举国书楼以千数百计，凡有井水饮处，靡不有学人，有学人处，靡不有藏书，此所以举国皆学，而富强甲于天下也。

昔高宗既勒成四库全书,著录天府,复于江浙设文宗、文汇、文澜三阁以饷江左之学者。而仪征阮相国亦体右文之盛德,设焦山灵隐各书藏。故乾嘉之间,江左之学者,人蒲竹而家铅椠,学术之茂,近古所希,斯藏书之明效哉。吾粤僻在岭表,百年以来与中原士大夫相隔绝,故以学鸣于时者殆寡。海道既通,风气渐被,迄同光以后,而贾马许郑之学萌芽间出。加以海疆多事,濠镜香港两地为泰西入中国孔道,彼族颇以其学设塾以教我子弟,将收以为用,而耳目沾被,聋聩稍开。于是今日海内之论人才者,靡不于吾粤属观听焉。顾自和议成后,庙谟谆谆,廷议缤缤,以兴学育才为急务。于是各行省雾起云涌,学堂学会所在而有。即至陕蜀之僻远,桂黔之瘠苦,犹思兴焉。独我粤以中西之孔道,文学之地,各省所想望者,而声沈响绝,寂无一闻,启超等实耻之。往者既与二三同志,各出其所有之书,合庋一地,得七千余卷,使喜事小吏典焉,名曰万木草堂书藏,以省分购之力,且以饷戚好中之贫而好学者而已。数年以来,同志借读渐多,集书亦渐增,稍稍及万卷。而粤士之忧天下者,方将联一学会,群萃州处,以相切偲。以讲求救天下之学。启超以为书之不备,不足以言学,图器之不备,不足以言学,欲兴学会,必自藏图书器始。于是思因向者书藏之旧而扩充焉,材力绵薄,惧不克任,闻之求其友声,诗人称焉,独为君子,抑亦古者之所耻也。海内耆硕方闻好又之士,或生长此地,率维桑之敬,或曾官斯土,推甘棠之泽,或爱其士气之可用,加以奖藉,或怜其濒海之颠危,垂赐扶恤,盛意提倡,慨赠百城,阐扬风流,沾溉末学。他日五岭之间,南海之滨,其或有一二倜傥非常之士,得以肆力于学,养成其才,以备国家缓急乎!皆仁人君子之赐也。吾粤幸甚,启超等幸甚!

　　一凡惠捐者,或拨官局之书,或赐家刻之本,或中国书籍,或泰西新书,或捐各种图各种仪器,或以金钱代,皆无不可,拜领盛意,感谢惟均。

　　一凡原有及惠捐之书图器,按年刻一清册(至戊戌年岁抄起）：书目以七略分类，注明某书某君所捐，备登台衔官阶，图器亦然。册末附阅书赁书管书章程，分送惠捐诸公，以志盛德。

　　一本书藏亦有自刻同人新著各书。凡诸公惠捐者，随检自刻书奉酬，以表谢悃。惟酬书多不过两三种，不以捐书之多寡为酬书之厚薄，不敢投报分明，反没高义。

　　一凡惠捐者，或寄上海时务报馆内梁任父，或寄长沙时务学堂内梁任父，或寄上海大同译书局内韩树园，或寄广东省城广府学宫万木草堂内王镜如收皆可。收到时有同人公谢启及奉酬之书为凭。

（原载《饮冰室文集》之三）

（七）记尚贤堂
梁启超

　　西儒李佳白，创尚贤堂于京师，乞记。记曰：中国应举之事千万也，中国人不自举，于是西人之旅中国者，伤之悯之，越俎而代之。李君游中国十余年矣，昔在强学会，习与余相见。会既辍，李君乃为此堂，思集金二十万，次第举藏书楼、博物院等事，与京师官书局、大学堂相应，其爱我华人亦至矣。诗曰：无此疆尔界，李君之贤也；又曰：不自为政，抑亦中国之羞也！李君道上海，为余道此事，且道将归国，求助于海外之好善者，以大就此事。吾将拭目以俟李君。

（原载《饮冰室文集》之二）

（八）莅北京大学校欢迎会演说辞（节录）
梁启超

鄙人今日承本国最高学府北京大学校之欢迎，无任荣幸。适马校长所言，鄙人与大学校之关系一节，当年诚有其事。今请略述一二，以告诸君。

时在乙未之岁，鄙人与诸先辈，感国事之危殆，非兴学不足以救亡，乃共谋设立学校，以输入欧美之学术于国中。惟当时社会嫉新学如仇，一言办学，即视同叛逆，迫害无所不至。是以诸先辈不能公然设立正式之学校，而组织一强学会，备置图书仪器，邀人来观，冀输入世界之智识于我国民。且于讲学之外，谋政治之改革，盖强学会之性质，实兼学校与政党而一之焉。在今日固视为幼稚之团体，然在当时风气未开之际，有闻强学会之名者，莫不惊骇而疑有非常之举。此幼稚之强学会，遂能战胜数千年旧习惯，而一新当时耳目，具革新中国社会之功，实亦不可轻视之也。至创设此会之诸先辈，今日存者，已寥若晨星，袁大总统即最尽力于此会之一人焉。厥后谣诼频兴，强学会之势力愈强，而政府嫉恶强学会之心亦愈甚。迄乙未之末，为步军统领所封禁，所有书籍仪器，尽括而去。其中至可感慨者，为一世界地图，盖当购此图时，曾在京师费一二月之久，遍求而不得，后辗转托人，始从上海购来。图至之后，会中人视同拱璧，日出求人来观，偶得一人来观，即欣喜无量。乃此图当时封禁，亦被步军统领衙门抄去，今不知辗转落在何处矣。及至戊戌之岁，朝政大有革新之望，孙寿州先生本强学会会员，与同人谋，请之枢府，将所查抄强学会之书籍仪器发出，改为官书局。嗣后此官书局，即改为大学校，故言及鄙人与大学校之关系，即以大学校之前身为官书局，官书局之前身为强学会，则鄙人固可为有关系之人。然大学校之有今日，实诸先辈及历任校长与教师之力。谓鄙人为创设大学校之发动人，则不敢当。

（原载《饮冰室文集》之二十九）

（九）论学会

梁启超

清光绪二十二年（1896年）

道莫善于群，莫不善于独。独故塞，塞故愚，愚故弱；群故通，通故智，智故强。星地相吸而成世界，质点相切而成形体，数人群而成家，千百人群而成族，亿万人群而成国，兆京陔秭壤人群而成天下。无群焉，曰鳏、寡、孤、独，是谓无告之民。虎豹狮子，象驼牛马，庞大傀硕，人槛之驾之，惟不能群也。非洲之黑人，印度之棕色人，美洲、南洋、澳岛之红人，所占之地，居地球十六七，欧人剖之钤之，若槛狮象而驾驼马，亦曰惟不能群之故。

群之道，群形质为下，群心智为上。群形质者，蝗蚊蜂蚁之群，非人道之群也。群之不已，必蠧天下，而卒为群心智之人所制。蒙古、回回种人，皆以众力横行大地，而不免帖耳于日耳曼之裔，蝗蚊蜂蚁之群，非人道之群也。

群心智之事则赜矣，欧人知之，而行之者三：国群曰议院，商群曰公司，士群曰学会。而议院、公司，其识论业艺，罔不由学，故学会者，又二者之母也。学校振之于上，学会成之于下，欧洲之人，以心智雄于天下，自百年以来也。

学会起于西乎？曰非也。中国二千年之成法也。易曰："君子以朋友讲习。"论语曰："有朋自远方来。"又曰："君子以文会友。"又曰："百工居肆以成其事，君子居学以致其道。"孔子养徒三千,孟子从者数百。子夏西河,曾子武城。荀卿祭酒于楚、宋,史公讲业于齐、鲁。楼次子之著录九千,徐遵明之会讲逾万。鹅湖、鹿洞之盛集,东林,复社之大观。凡兹前模,具为左证。先圣之道,所以不绝于地,而中国种类,不至夷于蛮越,曰惟学会之故。学会之亡,起于何也?曰国朝汉学家之罪,而纪昀为之魁也。汉学家之言曰:今人但当著书,不当讲学。纪昀之言曰:汉亡于党锢,宋亡于伪学,明亡于东林。呜呼!此何言耶?此十常侍所以倾李膺、范滂,蔡京、韩侂胄所以锢司马公、朱子,魏忠贤、阮大铖所以陷顾、高、陈、夏而为此言也。吾不知小人无忌惮之纪昀,果何恶于李、范诸贤,而甘心为十常侍、蔡京、韩侂胄、魏忠贤、阮大铖之奴隶也。而举天下缀学之士,犹群焉宗之,伈伈低首,为奴隶之奴隶,疾党如仇,视会为贼。是以金壬有党,而君子反无党;匪类有会,而正业反无会。是率小人以食君子之肉,驱天下之人而为鳏、寡、孤、独,而入于象驼牛马,而曾蜂蝗蚁蚁之不若,而后称善人。呜呼!岂不痛哉,岂不痛哉!

今天下之变亟矣!稍达时局者,必曰兴矿利,筑铁路,整商务,练海军,今试问驱八股八韵考据词章之士,而属之以诸事,能乎否乎?则曰,有同文馆、水师学堂诸生徒在。今且无论诸生徒之果成学与否,试问以区区之生徒.供天下十八行省变法之用,足乎否乎?人才乏绝,百举俱废,此中国所以讲求新法三十年,而一无所成,卒为一孔守旧之论,间执其口也。今海内之大,四万万人之众,其豪杰之士,聪明材力,足以通此诸学者,盖有之矣。然此诸学者,非若考据词章之可以闭户獭祭而得也。如矿利则必游历各省,察验矿质,博求各国开矿、分矿、练矿之道,大购其机器仪器而试验之,尽购其矿务之书而翻译之,集陈万国所有之矿产而比较之。练军则必集万国兵法之书而读之,集万国制造枪炮药弹、筑修营垒船舰之法而学之。学此诸法,又非徒手而学也,必游历其国,观其操演,遍览各厂,察其制造,大陈汽机,习其用式。自余群学,卒皆类是,故无三十七万金之天文台，三十五万金之千里镜，则天学必不精。不能环游地球，即游矣而不能遍各国省府州县皆有车辙马迹，则地学必不精。试问一人之力，能任否乎？此所以虽有一二有志之士，不能成学，不能致用，废弃以没世也。

西人之为学也，有一学即有一会，故有农学会，有矿学会，有商学会，有工艺会，有法学会，有天学会，有地学会，有算学会，有化学会，有电学会，有声学会，有光学会，有重学会，有力学会，有水学会，有热学会，有医学会，有动植两学会，有教务会，乃至于照像、丹青、浴室之琐碎，莫不有会。其入会之人，上自后妃王公，下及一命布衣，会众有集至数百万人者，会资有集至数百万金者。会中有书以便翻阅，有器以便试验，有报以便布知新艺，有师友以便讲求疑义。故学无不成，术无不精，新法日出，以为民用，人才日众，以为国干，用能富强甲于五洲，文治轶于三古。

今夫五印度数万里之大，五十年间，晏然归于英国。广州之役，割香港，开口岸，举动轰赫，天下震慑，而不知皆彼中商学会为之也。通商以来，西人领文凭，游历边腹各省，测绘舆图，考验物矿者，无岁无之，中国之人，疑其奸细，而无术以相禁，而不知皆彼中地学会为之也。故西国国家之于诸会也，尊重保护而奖藉之，或君主亲临，以重其事，或拨帑津帖，以助其成，会日盛而学日进，盖有由也。

今欲振中国，在广人才，欲广人才，在兴学会。诸学分会，未能骤立，则先设总会。设会之目，一曰胪陈学会利益，专折上闻，以定众心。二曰建立孔子庙堂，陈主会中，以著一尊。三曰胎书中外达官，令咸捐输，以厚物力。四曰函招海内同志，咸令入会，以博异才。五曰照会各国学会，常通音问，以广声气。六曰函告寓华西士，邀致入会，以收他山。七曰咨取官局群籍，概提全份，以备储藏。八曰尽购已翻西书，收庋会中，以便借读。九曰择购西文各书，分门别类，以资翻译。十曰广翻地球各报，散布行省，以新耳

104

目。十一曰精搜中外地图,悬张会堂,以备流览。十二曰大陈各种仪器,开博物院,以助试验。十三曰编纂有用书籍,广印廉售,以启风气。十四曰严定会友功课,各执专门,以励实学。十五曰保选聪颖子弟,开立学堂,以育人才。十六曰公派学成会友,游历中外,以资著述。

举国之大,而仅有一学会,其犹一蚊一虻之劳也。今以四万万人中,忧天下求自强之士,无地无之,则宜所至广立分会。一省有一省之会,一府有一府之会,一州县有一州县之会,一乡有一乡之会,虽数十人之寡,数百金之微,亦无害其为会也。积小为大,扩而充之,天下无不成学之人矣。

遵此行之,一年而豪杰集,三年而诸学备,九年而风气成。欲兴农学,则农学会之才不可胜用也;欲兴矿利,则矿学会之才不可胜用也;欲兴工艺,则工艺会之才不可胜用也;欲兴商务,则商务会之才不可胜用也;欲求使才,则法学会之才不可胜用也;欲整顿水陆军,则兵学会之才不可胜用也;欲制新器,广新法,则天算声光化电等学会之才不可胜用也。以雪仇耻,何耻不雪?以修庶政,何政不成?若徇纪昀之詟言,率畏首之旧习,违乐群之公理,甘无告之恶名,则非洲、印度、突厥之覆辙,不绝于天壤。西方之人,岂有爱乎?一木只柱,无所砥于横流;佩玉鸣琚,非所救于急难。诗曰:"迨天之未阴雨,彻彼桑土,绸缪牖户,今此下民,或敢侮予。"呜呼,凡百君子,其无俟风雨飘摇,乃始哓音喑口,而莫能相救也。

(原载《饮冰室文集》之一)

(十)论图书馆为开进文化一大机关
(《清议报》节录)

夫学校为文化之原,虽三尺童子,犹能知之。学制自小学、中学、师范学,至专门学、大学,其数已备矣,其费亦巨。然地球文明之邦,其悉心于学校规则,盖盛矣。唯怪世人知学校有益,而未知别有开进文化之大机关也。盖非不知有之,或轻视不顾也。然则何为学校之外开进文化一大机关乎?曰无他,唯广设公共图书馆可耳。馆内贮藏内外各种图书,以供公众阅览,故可冠公共二字以开之也。日本客岁中,查图书馆总数,合官设公设私设,仅三十一所,除一帝国图书馆外,未有别公共图书馆,余不得不怃然也。人若不冀文化开进,则并学校或可废之。诚欲文化日新,则舍图书馆无以致大效。世之以教育家自居者,决少措意于是,我辈不能不思自任。昔有某君尝经营图书馆事业,朋辈多訾其失职,后有故从事学校教育,皆以为得职。据其言以考之,此人既营建学校有功,是非创立图书馆之才也。故其语于人曰:予感知己之言,而事诚有不忍言者。盖其友多皆关系教育人也。

欧美诸邦极重图书馆,不俟辩言。又欧美图书馆之多,不复论列。今欲陈图书馆之实益,或亦嗤为蛇足,况我日本今日图书馆现状如彼。志于教育者思想如此,论之似无益也。虽然,予犹不忍舍而勿道也,唯欲使世人知图书馆可与学校相辅而行,且欲广为推布耳。

第一之利,图书馆使现在学校受教育之青年学子得辅助知识之利也。盖学校教育功课虽完备,然有图书馆,而学生于课余之暇,离其羁束,得浏览研究教学以外之书,则见闻日广。此图书馆在学校外所为开进文化大机关者一也。

第二之利,图书馆使凡青年志士有不受学校教育得知识之利也。又学校既卒业生及在校中途罢业之学生,苟欲增其知识,则以出入图书馆为便。若日本今日时势,不能拥护此青年辈则已,若有余裕,而广开图书馆,此策之最得者也。且不独利于士,虽商工童仆,苟有余暇,其知识亦由此而生,又安得无大效益乎?此图书馆在学校外所为开进文化大机关者二也。

第三之利，图书馆储藏宏富，学者欲查故事，得备参考之利也。又人各就其职业，深得其书而欲研究者也；医士依是可得约治疗新法，商贾依此可得晓广告便法，业工农者亦可大晓其器械及用力法也；又著述家得诸种参考知识，得确立其说。此图书馆在学校外所为开进文化之大机关者三也。

第四之利，图书馆有使阅览者随意研究事物之利也。学校原有规律，学科、学期、时间、年龄各有限，又别男女。图书馆则不用此等规律也，故无论谁人，苟欲阅览图书者，自可随意阅览，且可随意研究事物也。此图书馆在学校外所为开进文化大机关者四也。

第五之利，图书馆有使阅览者于顷刻间得查数事物之利也。谚云，光阴金也，图书馆出入一任阅者自便，故迫于有要事时，可去而营干之，越时又得诸种事利，学校教育非所企及也。此图书馆在学校外所为开进文化大机关者五也。

第六之利，图书馆凡使人皆得用贵重图书之利也。至图书馆收还阅览费与否，随各馆创立章程如何。然虽征收小费，而阅者出些少之资，得阅贵重图书，其实不可掩也。寻常读书社会，常恨乏力难以购备图书，渴望之如大旱望云霓。若有图书馆，则穷措大、贫书生无此缺望。然此辈或尚有不冀此举之大成者，可谓自暴自弃，抑亦文明罪人也。此图书馆在学校外所为开进文化大机关者六也。

第七之利，图书馆有使阅览图书者得速知地球各国近况之利也。今日世界文明日进，吾不能安于固陋，自同井底之蛙固矣。虽有时为百般职业所驱使，然不悉地球近况，以与文明国相竞长，必为所败。又图书馆广藏文明世界新刊图书及新报、诸杂志类，使出入此铺者，不敢做劣败污名之事，岂不美哉！是图书馆在学校外所为开进文化大机关者七也。

第八之利，图书馆有不知不觉便养成人才之利也。常观出入图书馆者，无端而勤奋读书之志油然而生，以养成知识，此非如在学校依教师训导以养成之也，如桃李无言而自芳耳。盖学者每入图书馆，固欲研究诸事务也，乃左右前后悉皆研究物，百城坐拥，我何得不生勤勉之意乎？不独此也，事物愈研究愈精细，意见愈卓绝，才器愈宏大，可知也。其为利岂不大哉！此图书馆在学校外所为开进文化之大机关者八也。

其余之利，固不止此，不胜枚举，读者自当思之。

图书馆效益如前所陈，与学校教育并立而不悖，可知也。然今日日本图书馆尚不及予曩日所言，徒志于教育者之言亦非吾所好。虽世人未知利用图书馆以研知识，亦不足怪，然将有视吾言为蛇足矣。不知以一方面观之，或以此言为蛇足，自他方面观之，知非蛇足也，因陈其所感耳。予不复多言，只曰图书馆扩张不可不赞助也，图书馆新设不可不奖励也。愿司教育行政者、赞助教育事业者，各用力以谋之。予岂不努力附骥乎！

（原载《清议报》卷二十）

（十一）同文馆书阁藏书
清光绪十三年（1887 年）

同文馆书阁存储汉洋书籍，用资查考，并有学生应用各种功课之书，以备随时分给各馆用资查考之书。汉文经籍等书三百本，洋文一千七百本，各种功课之书、汉文算学等书一千本。除课读之书随时分给各馆外，其余任听教习、学生等借阅注册存记，以免遗失。

（原载《同文馆题名录》第四次光绪十三年刊）

(十二)记筹办书藏经过

康有为

清光绪二十一年(1895 年)

光绪二十一年(1895 年)七月初,与次亮约集客,若袁慰亭(世凯)、杨叔峤(锐)、丁淑衡(玄钧),及沈子培、沈子封兄弟、张巽之(孝谦)、陈□□。即席定约,各出义捐,一举而得数千金,即举次亮为提调,张巽之帮之,张为人故反覆,而是时高阳当国,张为其得意门生,故沈子培举之,使其勿散坏也。举吾草序文及章程,与卓如拟而公商之。丁、张畏谨,数议未定,吾欲事成,亦迁回而从之。于是三日一会于炸子桥嵩云草堂,来者日众,翰文斋愿送群书,议开"书藏"于琉璃厂,乃择地购书,先属孺博出上海办焉。是时遍寻琉璃厂书店,无一地球图,京师固塞,风气如此,安得不败?时英人李提摩太亦来会,中国士夫与西人通,自此会始也。

英、美公使愿大助西书及图器,规模日广,乃发公函于各督、抚。刘坤一、张之洞、王文韶各捐五千金,乃至宋庆、聂士成咸捐数千金。士夫云集,将俟规模日廓,开书藏,派游学游历。然而丁、张断断挑剔,张更藉以渔利,以开局于琉璃厂,张欲记之为书店之状。吾面折以:"今日此举,以义倡天下之士,若以义始,而以利终,何以见天下乎?"张语塞,然而举座不欢。时报大行,然守旧者疑谤亦渐起,当时莫知报之由来,有以为出自德国者,有以为出自总理衙门者,既而知出自南海馆,则群知必吾所为矣。张既怀嫌,乃因报之有谣言,从而扇之,于是大学士徐桐、御史褚成博皆欲劾奏。沈子培、陈次亮皆来告,促即行,乃留卓如办事,而以八月二十九日出京。

(原载《戊戌变法》第四册《康南海自编年谱》)

（十三）官书局开设缘由

孙家鼐

光绪二十二年（1896 年）

　　学会、报馆，在西国已成习俗，在中国则为创见，是以开办之始，动遭疑阻。去年京师设立强学会于城南之孙公园，为诸京官讲求时务之地，已而改为强学书局，业已购置书器，开刷报章，旋于十二月间由御史杨崇伊奏请封禁；已而言官多有上疏争之者，而御史胡孚宸一疏，尤为婉转闿切，奉旨交译署议奏，旋复奏请径由官办理。正月十七日奉上谕："总理衙门奏新设官书局请派大臣管理一折，着孙家鼐管理，钦此。"此盖我皇上至圣至明，洞知时务一道非讲习则不明，非群聚以讲习则不能得其要领。兹将都城传抄总署覆奏一通照录于后，俾有志时事者得所观览焉：

　　光绪二十一年十二月二十二日，准军机处钞交御史胡孚宸奏"书局有益人才，请饬筹议以裨时局"一折，军机大臣面奉谕旨："着总理各国事务衙门议奏，钦此。"钦遵，到臣衙门。查原奏内称：京师近日设有强学书局，经御史杨崇伊奏请封禁，在朝廷预防流弊，立意至为深远。惟局中所储藏讲习者，首在列圣圣训及各种政书，兼售同文馆、上海制造局所刻西学诸书，绘印舆图，置备仪器，意在流通秘要图书，考验格致精蕴，所需费用，皆系捐资集股，绝无迫索情事；所刻章程，尚无庇谬。此次封禁，不过防其流弊，并非禁其向学。倘能广选贤才，观摩取善，此日多一读书之士，即他日多一报国之人，收效似非浅鲜。请旨饬下总署及礼部各衙门悉心筹议；官立书局选刻中西各种图籍，任人纵观，随时购买，并将总署所购洋报选译印行以扩闻见，或在海军旧署开办。经理即善，流弊自除，庶于国家作育人才挽回时局之本心不相刺谬，等因。臣等

110

维国势之强弱，视乎人才；人才之盛衰，系乎学校。古者家塾、党庠、州序、国学，自诸侯以达王几，莫不建学；大而德行道艺，细而名物象数，综贯靡遗，是以人才日盛。近世学者往往避实骛虚，舍难就易，视西人一技之长，一能之擅，或斥为异学，或诧为新奇。不知西人之学，无不以算学为隐括，西算之三角，与中算之勾股，理无异同。周髀经曰："圆出于方"，又曰："方数为典，以方出圆"，言圆之不可御而驭之以方，西人三角八线之法实基于此。余若天学、化学、气学、光学、电学、重学、矿学、兵学、法学、声学、医学、文字制造等学，皆见中国载籍，试取管、墨、关、列、淮南诸书以类求之，根原具在。可知西学者中国固有之学，西人踵而行之，所谓礼失而求诸野耳。泰西教育人才之道，计有三事：曰学校，曰新闻报馆，曰书籍馆。英、法、德、俄各国学校之盛，或二三万所，或六七万所，生徒率皆二三十万人。美国学校多至十七万余所，生徒几及千万人，学校费用自三四千万至八千余万不等，率由国家及生徒各出其半；各国富强之基实本于是。是庶政由人才而理，人才由学术而成，固有明效大验。该御史请将强学书局改为官办，自系为讲求实学培养人才起见，臣等公同商酌，拟援照八旗官学之例，建立官书局，钦派大臣一二员管理，聘订通晓中西学问之洋人为教习，常川住局，专司选译书籍、各国新报及指授各种西学，并酌派司事译官收掌书籍，印售各国新报，统由管理大臣总其成，司事专司稽察。所需经费，由总理衙门于出使经费项下每月提拨银一千两，以备购置图籍、仪器、各国新闻纸及教习、司事、翻译薪水等用，核实散放，年终由臣衙门奏销，毋庸招股集资。设不敷用，再由臣衙门设法筹措。如有慕义之士，愿捐巨款，或捐书籍，准由司事呈明管理大臣酌定核收。至建设学舍地方，或假官房，或租民宅，取足教习各官起居之地，兼为士大夫入观群书之所，因地制宜，妥筹布置。该御史所请就海军旧署开办之处，应毋庸议。如蒙俞允，再由管理大臣详定章程，定期开设。再该书局现既奏明择地另设，其强学书局原屋，应行文该地面官,饬令屋主领回以清界限。

（原载《中国近代出版史料》（初编），上海群联出版社，1953年）

（十四）官书局奏开办章程
孙家鼐
光绪二十二年（1896年）

光绪二十二年正月二十一日奉上谕："总理各国事务衙门奏新设官书局请派大员管理一折,着派孙家鼐管理,钦此。"臣奉谕旨,朝夕筹思,且与原办书局诸臣悉心酌度,谨拟开办章程分条胪列,恭呈御览:

一、藏书籍:拟设藏书院,尊藏列朝圣训钦定诸书及各衙门现行则例,各省通志、河漕盐厘各项政书,并请准其咨取储存庋列。其古今经史子集有关政学术业者,一切购置院中,用备留心时事讲求学问者入院借观,恢广学识。

一、刊书籍:拟设刊书处译刻各国书籍,举凡律例、公法、商务、农务、制造、测算之学,及武备、工程诸书,凡有益于国计民生与交涉事件者,皆译成中国文字,广为流布。

一、备仪器:拟设游艺院,广购化学、电学、光学诸新机,矿质、地质、动物、植物各异产,分别部居,逐门陈列,俾学者心摹手试,考验研求,了然于目,晓然于心。将来如制造船只,枪炮等事,可以别材质之良窳,物价之低昂,用法之利纯,不致受人蒙蔽。

一、广教肄:拟设学堂一所,延精通中外文理者一人为教员。凡京官年力富强者,子弟之姿性聪颖安详端正者,如愿学语言文字及制造诸法,听其酌出学资,入馆肄习。

一、筹经费:总理衙门原奏,每月拨银一千两。查月中用款,以延教习、翻书籍为大宗。此外译报及书手、匠役人等工价、伙食,费

112

亦不资,每月千两,只供各项之用。至于购买图籍仪器等款,尚无所出。原办零星招股,过于冗碎,自应遵照原奏,概行停止;其慕义乐输捐助巨款者,善堂书院有例可循,亦应查照原奏酌核收纳。现在事属创行,需款数难预定,惟有就现有经费次第兴办,总以撙节为充拓之基,切戒滥费,以收实济。

一、分职掌:上年部院诸臣开设书局,仓猝举办,草定规模,议事尚未划一。今拟将局内诸物各分职掌,庶心志专一,可期日起有功。所有在局办事诸臣职名,另单开呈御览。

一、刊印信:拟刻一木质关防,文曰:"管理官书局大臣之关防",凡向总理衙门领取经费及有行文事件,即以此为凭信。

以上七条,如蒙俞允,臣即敬谨遵行,即从本日开办。臣窃惟同治初年,总理衙门请设立同文馆,讲求泰西诸国文字,令翰詹部院各官一体入馆习练。维时议论纷纭,人情疑阻,风气未开,事因中止。后虽经总理衙门设法招徕,入馆生徒略有成就,而读书明理之人从事其中者绝少,遂致中外间隔,彼己不知,仓猝应机,动多舛误。近者倭人构衅,创巨痛深。一二文人学士,默参消息,审知富强之端,基乎学问,讲肆所积,爰出人才,砥砺奋兴,消除畛域,期以洞中外之情形,保国家于久大,此与同治初年设立同文馆之意实相表里,诚转移风气一大枢纽也。臣开办初章,事归简要,未尽事务,渐图扩充。其藏书、刊书、游艺、学堂诸所,有稽查诸员考其课业,综理诸员总其纲维,各期敬业乐群,尊贤尚齿,善资群议,术集众长,庶几成材者扩会通过半之思,志学者得师友观摩之益。至局中用款,惟延请翻译,抄写书籍,典收文簿,登记帐目,及工匠制造之人,发给薪水。此外兴办局务,翰詹科道部院诸臣,皆出于诚恳之心,忠勤之念,但期创开风气,增广见闻,为异日报效国家之用。臣亦鉴其初心,一概不请奖叙,不支薪资。至印送各路电报,只选择有用者照原文抄录,不加议论。凡有关涉时政,臧否人物者,概不登载,以符总理衙门原奏。

（原载《中国近代出版史料》（初编），上海群联出版社，1953年）

（十五）京师大学堂章程（节录）
清光绪二十四年（1898年）

第一章第六节　学者应读之书甚多，一人之力必不能尽购。乾隆间，高宗纯皇帝于江浙等省设三阁，尽藏四库所有之书，俾士子借读，嘉惠士林，法良意美。泰西各国于都城省会皆设有藏书楼，亦是此意。近张之洞任广东，设广雅书院，陈宝箴任湖南，所设时务学堂，亦皆有藏书。京师大学堂为各省表率，体制尤当崇闳，今设一大藏书楼，广集中西要籍，以供士林流览而广天下风气。

〔原载《国闻报》第248号，光绪24年（1898年）5月21日〕

第五章第七节　藏书楼设提调一员，供事十员。

第七章第三节　开办经费以建学堂、购书、购器及聘洋教习来华川资为数十宗，今略列如下：建筑学堂费约十万两，建筑藏书楼费约二万两，建筑仪器院费约四万两，购东方书费约一万两，购仪器约十万两，洋教习来华川资约一万两，右开办经费预算表约三十五万两。

第八章第五节　应购各书目录及藏书楼收藏借阅详细章程，归藏书楼提调续拟。

〔原载《国闻报》第251号，光绪24年（1898年）5月23日〕

（十六）奏办京师大学堂（节录）

张百熙

光绪二十八年（1902 年）

　　窃臣于上年十二月初一日奉上谕"兴学育才，实为当今急务。京师首善之区，尤宜加意作养。前所建大学堂，应即切实举办，著派张百熙为管学大臣，将学堂一切事宜责成经理，务期端正趋向，造就通才，应如何裁定章程并著悉心妥议，随时具奏"等因，钦此。奉命以来，臣当即悉心考察，夙夜构思，一面查勘现在情形，一面预筹将来办法，计惟有敛遵谕旨端正趋向造就通才，以仰副朝廷兴学育才之至意。惟是从前所办大学堂，原系草创，本未详备。且其时各省学堂未立，大学堂虽设不过略存体制，仍多未尽事宜。今值朝廷锐意变法，百度更新，大学堂理应法制详尽规模宏远，不特为学术人心极大关系，亦即为五洲万国所共观瞻。天下于是审治乱，验兴衰，辨强弱，大才之出出于此，声名之系系于此，是今日而再议举办大学堂，非徒整顿所能见功，实赖开拓以为要务，断非因仍旧制敷衍外观所能收效者也。惟念臣本无学问，粗识事情，当国家图治之时，正臣子致身之日，固不敢安于简陋，亦何至稍涉铺张，诚深悉唐虞三代古世所以致太平极治之规，又亲见欧美日本诸邦所以变通兴盛之故，确有凭据，谅不虚诬。今日中国若议救败图存，舍此竟无办法，如使成规坐隘，收效无从，臣一身不足惜，所恐上无以对圣朝，下无以塞群望，见轻外人，更伤国体，成败之故，罔不随之，臣既见及此，敢不直陈，用特粗拟广办法五条，敬为我皇太后皇上缕析言之。

　　……

　　书籍仪器宜广购也。查大学堂去岁先被土匪，后住洋兵，房屋既残毁不堪，而堂中所储书籍仪器亦同归无有。臣愚以为大学堂功课,不外政艺两途。政学以博考而乃精,艺学以实验而获益。书籍仪器两项,在学堂正如农夫之粟,商贾之钱,多多益善。不特前所有者固当买补,即前所无者亦宜添购,方足以考实学而得真才。查近来东南各省,如江南苏州杭州湖北扬州广东江西湖南等处官书局,陆续刊刻应用书籍甚多,请准由臣咨行各省将各种调取十余部不等。此外民间旧本,时务新书,并已译未译西书,均由臣择定名目随时购取,归入藏书楼分别查考绎译。至仪器一项,除算学家所用以测量图学家所用以绘画外,如水火气声光电化以及医学农专门应用甚多,不特每门皆有器具全副,即随时试验材料药水等项,学生愈多则购用愈繁,学问愈精则考验愈明,此类尤不可省。譬之武备而靳予枪炮子药,而责以准头命中必不能矣。现拟先向上海日本等处购办万余金以为开办普通要需。再筹定经费,向欧美各国广购,归入各专门应用,惟采买必须得人,价目务从核实,俟临时由臣采访通达诚朴之员遣往办理,以期器归实用,款不虚糜。

(原载《近代中国教育史料》第一册,中华书局,1928 年)

(十七)大学堂续订图书馆章程(1907 年)

第一章

第一节　本堂藏庋书籍之所,旧名藏书楼,现照奏定章程,应称图书馆。故于楼额仍沿藏书楼之名,而于章程则标为图书馆,并设经理官以掌其事。

第二节　图书馆除遵守奏定大学堂章程暨开办藏书楼时原有章程不再复载外,凡此次续定章程,堂内教员、办事员、学生等,及本馆各员,均应一律遵守。

第三节　经理官由总监督选择委任,掌理馆中书籍事务及节制所属供事听差各人,均禀承于总监督。

第四节　经理官应常川住馆,除星期、年暑假,及有要事请假外,不得擅离职守。

第五节　图书馆供事人,掌书籍出入、登记簿录、整理各书籍图报、检查收发书籍,及各项笔墨等事,均承经理官之命。

第六节　供事人有簿记书籍之责,即有收回书籍之权。应逐日查明借期已满之书,按照借取章内第三节办理。

第七节　馆内房屋暨应用书橱等项,有须修理添置者,由经理官陈明总监督知会庶务提调办理。

第八节　本馆立收书、借书簿各一册,每日晚膳后,供事人应将本日所录收书,借书各簿,呈经理官阅看。

第二章　收　储

第一节　凡图书馆所收中外书籍图画,均由供事人逐日登记号簿,呈经理官阅看,加盖本馆戳记(自此次续订章程后其戳记即用大学堂图书馆收藏记九字)。书籍类,盖第一本第一页内左角;图画类,盖于右角,分别部居,注入清册,向各橱收藏。

第二节　书籍图报及陆续所收各件,既遵原章第七条造具清册,将卷数、本数、撰人、译人姓氏区为门类,以便检查;并将洋文之书,按照各国洋文书类别编成目录。

第三节　报章一项,每日供事人至憩息室检收一次,每十日装订一次,分别种类,及时日先后,挨号收藏。

第四节　供事人应轮派一人,至书楼上下各橱,每日扫洁一次;或遇大风扬尘,更须不时拂拭。

第五节　凡书籍有脱线破损者,供事人随时查明修整后,依旧安置原处。

第三章 借 取

第一节 凡借取书籍图报证纸,概用本馆定式印单,非此不得给发。

京师大学堂藏书楼取书单式

管理员
教员
预备科
师范馆 第　　　类学生　　自习室住　　字第　　　号

楼 上
　　字　　号　　文 参考 书　　本
　　下　　　　　　　　教科

于
　　　　月　　　日 取
限　　　　　　　　　　缴

光绪三十　年　月第　　号取书单

第二节 本馆借用书籍,依送到印单先后挨次给发,以免搀越争竞。

第三节 凡教员授课至何处、应发何种教科书,由教员开条,呈明教务提调核过,于原条签字并加盖戳记,连同教员发给学生名单交本馆照发;如无名单,或未经教务提调核过,概不能发。

第四节 各教科书计日课毕,由原取教员向学生收回,缴还本馆,如有缺少,本馆只向教员收取,不与学生间接,致有推委。

第五节 凡教员取书,须携大部全册以备参考者,时日暂不限定,惟至多不得过一学期。每届暑假、年假前十日,由经理官通知各教员如限送还,查核一次,各办事官取书者仿此。

第六节 凡学生取书,皆须亲至本馆填写书单,方能照借。一经到限,即应缴回,如未经阅毕,准其赴本馆申明,换展期取书证据一纸,仍由供事续登号簿,到限缴还。倘到限不还,又不请展限,除追缴原书外,由经理官将学生姓名牌记本馆,限止再借。

第七节　凡学生取书,逾限不缴,并抗不展限,或任意遗失,除限止再借外,并将该书全部原价,令学生赔偿,并于立品门内,告知监学官扣分。教习办事员或蹈此弊,禀明总监督酌夺。

第八节　凡教员、学生因事故出堂,教员由教务提调、学生由监学官知照本馆,立时查明。如曾借取书籍,须逐一缴还,方准离堂。

第九节　每届年暑假放学前十日,由经理官悬牌告知,各学生所借各书,无论缴还日期已到未到,应逐一向本馆缴清,统核数目,查明有无缺失。

第十节　教员学生有于年暑假内不回籍者,其前取借各书亦于此时收齐截止,俟本馆将书籍查点清楚,并查明年暑假未回籍之教员、学生名单,再行凭取书条检讨。

第十一节　若遇书籍仅有一部,借取之后尚未缴还,而他人复需借阅者,应由经理官询明借书人缓急情形,或由经理官给条,令暂向原借者翻检片刻,或俟其还日,知照来取。如逾三日不取,复被他人借用,经理官不能留以相待。

第十二节　不得将书籍图画展转更借他人,一经查出,由经理官陈明总监督,此后禁用本馆书籍。若因而遗失,须由原借者赔补。

第十三节　教科书必须按计课毕归还,所以备异日新班之用。然或学生于接读第二课时,尚欲将第一课之本留住温习,似未便阻其勤学之意,拟展限至一学期,届时即行归还,不再延长假借。

第十四节　教科书用有破损,缴还时须察看情形,其或油污墨渍、妄加涂乙,或附粘图画、私自裁去,万难覆用者,令学生赔缴半价,该书即与学生。其非教科书,而借取后污坏批点者,应照原章二十三条,责令赔补,不容宽假。

第十五节　本馆储有外洋图画,教员学生取去观览,仍与教科书一律办理。

第十六节　除教科书及图画外,其余外洋各种参考书,教员学生借取者,应按照原章第二十七条限期缴还。

第十七节　本馆所备东西洋文参考各书,如教习学生同时借阅,自当让与教习,以明秩序。即有已经出借者,教习登时来取,当向学生处收回,不问缴还期限之满与否。

第四章　禁　约

第一节　中外书籍借取时,供事人须将书橱号数及所携册数,逐一查明,不得少报多付,并不归原有号数安置,至碍于检查。

第二节　凡借取书籍图画,须将印单交由供事检查,取出呈阅,不得由取书人自行入室信手翻检。

第三节　取书条应由供事人按日逐一检点存储,并登录册记,以备到限收书,交还原条。如有遗失,照本章第六节处治。

第四节　图书馆内,除吸烟应照原章一律禁止外,至每日上灯后,书橱全行锁闭,概不取阅,以昭慎重。其或教员、学生于预备室应用之书,均于上灯前条取。

第五节　供事人遇星期放假,虽停办公事,须轮留一二人在馆,不得全班出外。平时有要事请假,须由经理官许可,不得逾限回馆。年暑假亦照星期假,不准全班回籍。

第六节　供事人须勤慎当差,如有别项嗜好,擅离职守,及遗失取书条等项,由经理官陈明总监督,分别斥退。其遗失书籍,情节较重者,仅予斥退不足示惩,当陈明总监督另行办理。

第七节　凡系本堂教员、办事员、学生等,如有强本馆以违背章程之事,均由经理官陈明总监督办理。

第五章 附 则

第一节 此次续订章程,其实行之日,以总监督批准为始,除揭示图书馆外,并刊印多本,以期周晓。

第二节 凡原章所载各条,皆为续订章程所无,须新旧参看,一律遵守。

第三节 凡此次章程,或仍有未备与应行损益之外,随时由总监督酌度情形,另行颁布。

（原载《北京大学图书馆九十年记略》,北京大学出版社,1992年）

（十八）古越藏书楼记

张 謇

清光绪三十年（1904年）

浙东故多藏书家,旧时海内所艳称而职识之者,曰:祁氏澹生堂、范氏天一阁,伟矣哉！謇尝闻郑珍之言曰:非居盛文之邦,或游迹遍名会,或膺朝省硕官,其人自负学好事而雄于财,又亲戚僚友子弟力为罗摘,贵鬻转抄,无不如志,不能名藏书家。夫以贵人而饶于财而藏书,而其家能嬗守之,如郑珍言亦仅矣。顾何如不私而公,不家守而国与守之为尤美乎？

会稽徐氏,世多贤者,藏书亦有名于时,吾友显民察使之太翁仲凡先生,乃举其累世之藏书,楼以庋之,公于一郡,凡其书一若郡人之书也者。其事集议于庚子,告成于癸卯。凡庋古今及域外之书,总七万余千卷,图器悉具。将藏事,而先生即世,显民追述先德,襮宣而昌拓之,复鸠后时之所须,岁储若干缗,其事乃大备。楼成,其乡之人大欢,其有司亦为请褒旨于朝。嗟乎！世之号藏书者伙矣,要之璨璨,其贤者或仅著为簿录,以飨天下,下此者,则深键局。得一善本，沾沾自喜，秘不使人知。其始也，以私其子孙，而终不能以再世。今先生独捐世舍故，不以所藏私子孙；而推惠于乡人，睿知其子孙必能嬗守而不失，互千禩，历万劫而无已也。

泰西之有公用之图书馆也，导源于埃及、希腊，迨罗马而益盛，今则与学校并重，都会县邑具有之，无惑乎其民愈聪，国愈丰。籀我国之图籍，列州郡盖亦二百五十有奇矣。使各得一二贤杰，举私家所藏书公诸其乡，犹是民也，何必不泰西若。睿持此说，亦尝有此志焉，欲效先生之所为，而亦欲海内藏书家皆效先生之为也。存古开新，宏愿实同，求诸当世，知必有任之者。先生于岁乙未曾创中西学堂于郡城，近并入公立之学校。十年以还，越人知兴学以善俗者，自先生倡也。使郑氏犹在，于先生倾倒而嘉叹之，又何如也。光绪三十年岁在甲辰夏月。南通州张謇撰。

（原载《古越藏书楼书目》，光绪三十年（1904年）崇实书局石印本。）

（十九）为捐建绍郡古越藏书楼恳请奏咨立案文

徐树兰
清光绪三十年（1904年）

为呈明捐建绍郡古越藏书楼，恳请奏咨立案事。窃维国势之强弱，系人才之盛衰；人才之盛衰，视学识之博陋。涉猎多则见理明，器识阔则处事审，是以环球各邦国势盛衰之故，每以识字人数多寡为衡。方今朝廷孜孜求治，迭奉谕旨，广设学校，此诚育材正本清源之至计也。近来各省府县次第设立学堂，急公好义之士，亦多捐资补助。职前于光绪二十三年（1887年）筹办绍郡中西学堂，教授学生，每学不过数十人，或百数十人，额有限制，势难广被，而好学之士，半属寒酸，购书既苦于无资，入学又格于定例，趋向虽殷，讲求无策，坐是孤陋寡闻，无所成就者，不知凡几。伏念高宗纯

122

皇帝特设文宗、文汇、文澜三阁,备庋秘籍,津逮后学。由是江浙人文甲于天下,成效昭然。

泰西各国讲求教育,辄以藏书楼与学堂相辅而行。都会之地,学校既多,又必建楼藏书,资人观览。英、法、俄、德诸国收藏书籍之馆,均不下数百处。伦敦博物院之书楼,藏书之富,甲于环球,一切有用之图书报章,亦均分门藏弄。阅书者通年至十余万人。日本明治维新以来,以旧幕府之红叶山文库、昌平学文库初移为浅草文库,后集诸藩学校书,网罗内外物品,皆移之上野公园,称图书馆,听任众庶观览。其余官私书籍馆亦数十处,藏书皆数十万卷。一时文学蒸蒸日上,国势日强,良有以也。

近来东南各省集资建设藏书楼者亦复接踵而起。绍兴统辖八县,缀学之士,实繁有徒。当此科举更章之际,讲求实学,每苦无书。职不揣棉薄,谨捐银八千六百余两,于郡城西偏购地一亩六分,鸠工营造,名曰古越藏书楼,以为藏书之所。参酌东西各国规制,拟议章程,以家藏经史大部及一切有用之书悉数捐入,延聘通人,分门排比,所有近来译本新书以及图书标本,雅驯报章,亦复购备,共用银二万三千五百六十余两。大凡藏书七万余千卷,编目三十五卷。建屋凡四层,前三层皆系高楼,分藏书籍,以中层之厅事为阅书所,桌椅器物皆备,综共用银三万二千九百六十余两。又每年助洋一千元,礼延监督一人,总董其事,司事三人,分司其书。规模粗具,以备阁郡人士之观摩,以为府县学堂之辅翼。所需开办经费银三万二千九百六十余两及常年经费每年捐洋一千元,均由职自行捐备。

当此开办之初,事关阁郡,自应呈请奏咨立案,以垂永久。所有拟设绍郡古越藏书楼缘由,理合缮具书目、章程,照绘屋图,呈请大公祖大人俯赐察核,奏咨立案施行,实为德便。再职系体念时艰,为造就人才之一助,经费均系自行捐备,应请免造报销,合并声明。除呈明绍兴府县核转备案外,谨呈。计呈章一本、书目六本、楼图一册。

（原载《古越藏书楼书目》，光绪三十年（1904年）崇实书局石印本）

（二十）古越藏书楼章程

第一章　名　称

第一节　此楼建于绍兴，为地方劝学起见，故名古越藏书楼。

第二章　宗　旨

第二节　本楼创设之宗旨有二：一曰存古；一曰开新。

释义　学问必求贯通，何以谓之贯通，博求之古今中外是也。往者士夫之弊，在详古略今；现在士夫之弊，渐趋于尚今蔑古。其实不谈古籍，无从考政治学术之沿革；不得今籍，无以启借鉴变通之途径。故本楼特阐明此旨，务归平等，而杜偏驳之弊。

第三章　藏书规程

第三节　本书楼所藏书籍，分二类：曰学部；曰政部。凡悖理违道之书，一概不收。（旧分经、史、子、集、时务五部，编为三十五卷，今分政、学二部，改编为二十卷。）

释义　明道之书，经为之首，凡伦理、政治、教育诸说悉该焉。包涵甚广，故不得已而括之曰学类。诸子，六经之支流，文章则所以载道，而骈文词曲亦关文明，觇世运，故亦不得蔑弃。至实业各书，中国此类著作甚少，附入政类中。

第四节　凡已译未译东西书籍一律收藏。

124

释义　已译者供现在研究,未译者供将来研究(已通外国文字者)及备译。

第五节　各书之外,兼收各种图书,类别为三:曰教科书;曰地图;曰实业图。又收各种学报、日报,以资考求。

第六节　研究科学,必资器械样本,故本书楼兼购藏理化学器械及动植矿各种样本,以为读书之助。

释义　外国标本器械,各学堂皆有之。兹因学校规模未备,故附入藏书楼,将来经费补充,即别辟教育博物馆,将此项裁去。

第四章　管理规程

第七节　本楼立总理一人、监督一人、司书二人、司事一人、门丁一人、庖丁一人、杂役一人。总理于徐公仲凡嗣君中推举一人为之。监督以下,均由总理延订。(总理或宦游在外,则司事等人之进退,监督亦得专主。)

第八节　总理之职,凡订章程,核款目,统楼中一切事务,皆由一人主持。监督之职,司收支会计,随时添购图籍,兼稽察司书以下诸人称职与否而进退之。司书之职,于开阅时,一司收发书籍,一司收发报章,设事有简繁,彼此帮同照料,不得推诿。司事之职,专司逐日验放阅书人出入。有一人入即将姓名、别篆、住址登簿,给与发书单及对牌。有一人出,即收回对牌,一刻不能离位。如有要事,暂时离位,则司书二人中择其稍暇者暂代。门丁之职,专司门口伺候,助司事验放出入,兼有客到接帖,每日自开门至闭门一刻不能离位。如有要事暂离,则须唤杂役暂代。庖丁之职,专司炊爨饭膳。杂役之人,专司每日洒扫及烹茶点灯等事,或有时差出外间购物件、递信札。

第九节　楼中所备册籍,分四类:曰书目册;曰器具册;曰阅书人姓名、别篆、住址册;曰收支会计册。

书目册　由监督编定,司书二人各誊一份,一为清本,存司事处,备来阅者共阅,一为稿本,存监督处备查。

器具册　由监督检记,日后如有添置,随时登入此册,存楼备查。

阅书人姓名、别篆、住址册　由司事逐日登记,每日呈送监督察阅。

收支会计册　由监督逐日登记,于每月朔日,将前月所登送交总理察核。(各人膳资及楼中零用,于每月朔日送册时给领。各人薪水及门丁等工资,于每月终给领。)

第十节　恭届万寿圣节、孔子生日、夏至、冬至及房虚星昴日皆停阅一日。元宵、端午、中秋,停阅二日,前一日及本日。清明停阅五日,前一日后二日及本日。腊月由祀灶日起至新正初五日皆停阅。除此数日外,监督以下诸人皆须常川驻楼办事。

第十一节　司书、司事或有要事须归家数日,或偶然患病,必须关照监督,自延代庖。门丁、庖丁、杂役如欲停歇数日,亦必须自雇替工,但不得代至一月之久。万一代至一月,本人尚不到楼,或虽在一月之内而代者不能称职,均由监督酌量去留。

第十二节　监督、司书、司事或有要事,欲往他处,或因患病,自知不能胜任,准其自行辞退。监督如自欲辞退,则将书籍及器具点交总理收管,一面关照总理另聘他人接手。司书自欲辞退,则将书籍及器具点交监督收管,亦一面关照总理另聘他人接手。门丁、庖丁、杂役如自欲辞退,则由监督另雇,均须俟接手有人,方得交卸。

第五章　阅书规程

第十三节　凡愿阅书者,须先阅本楼章程,若愿守定章,请先至司事处,以姓名、别篆、住址及今日欲观某书报明,由司事登记号簿,即由司事给兴发书单一纸,并对牌一块。本人以发书单与对牌入交监督,即由监督以发书单交司书,检书付阅,其对牌暂存监督

126

处，俟阅书人将原书交还，即由监督将对牌仍交本人。本人仍以对牌交还司事，然后出门。对牌六十号，每号三块，以古越藏书楼图记印于骑缝，上块永存监督处，下块永存司事处，中块于领书时凭此发书，于还书后，凭此出门。发书单首行某先生，印某某，别篆某某，现住某处，今日欲阅某书，次行光绪某年某月某日，古越藏书楼第几号发书单。（此单或由本人自填，而司事即照此誊入号簿。）

第十四节　中厅阅书之处，仅容客座六十位，故每日阅书仅备对牌六十号。如在六十号之外，因座位已满，只得奉屈暂候。待六十人中有一人交还对牌出外者，即给对牌入内领书。如待者不止一人，则以登号簿先后为次。

第十五节　每日阅书，上午九点钟起，十一点钟止，下午自一点钟起，五点钟止。

第十六节　座位各有字号，阅书者对牌第几号即坐于座位第几号，以免争竞。

第十七节　楼上藏书，楼下观书，各分地段，以清界限。取书必由监督与司书经手。凡观书者皆不得登楼。

第十八节　所藏之书，均盖用戳记，只准在中厅六十座中翻阅，不得借出门外。倘有遗失污损，查系何人致此，司书随时告知监督，责限一个月内小部全赔，大部抄补。

第十九节　徐公仲凡之子孙如欲借阅，宜破格以示优异。然亦必关照总理，由总理亲笔开单取书，则司书始能检付。

第二十节　所阅之书，每次但取一本，阅毕然后向监督换阅他本。因本楼之书须备六十人分阅，势不能一人兼阅数册也。

第二十一节　阅书能用摘录工夫最易获益。凡阅书有欲摘录者，尽可随意抄写。惟纸墨笔砚，皆须各人自备。而于本楼书中不得加评语，亦不得加圈点。

第二十二节　阅图有欲影摹者，所用之纸，必交监督一验，方可影绘。因恐用纸太劣，则墨易透纸，或将原图污损故也。

第二十三节　本楼购备日报数种，另储一处。欲阅日报者，可至此自行翻阅。欲阅月报，则与阅书一例，亦须凭对牌发书单，由监督、司书经手检付。

第二十四节　阅书者各宜自重，不得在座中随意谈谑，亦不得雌黄人物，纵论时政及凡与读书不相涉之事。

第二十五节　阅书者如欲用膳，其膳资理宜自备。本楼雇有庖丁，亦可承办。惟须本人自与庖丁面订。欲用早膳，宜前一日向庖丁预订，欲用午膳、晚膳，宜早晨向庖丁预订。（均须先付膳资）有不欲在楼用膳者，听其自便，或所需膳品，庖丁不能承办亦不得相强。

第二十六节　阅书者如欲饮茶吸烟，宜自备。惟茶由本楼供应，不用者听。

第二十七节　本楼仿照东西各国图书馆章程办理，不设寄宿舍。如四乡及外府县诸君到本楼阅书者，均请自行另觅住宿之处。

第六章　杂　规

第二十八节　此地专为藏书及阅书而设，一切人等不得于此中宴会、赌博、歌唱，以昭郑重。

第二十九节　此楼系仲凡徐公独力捐助，以限于资力，未能完备。有愿出资助益及助益书籍者，均拜嘉惠。

第七章　附　则

第三十节　此章程系试办略章，以后得随时改良，以冀完善。

（原载《古越藏书楼书目》，光绪三十年（1904年）崇实书局石印本）

（二十一） 京师创设图书馆私议

罗振玉

清光绪三十二年（1906 年）

保固有之国粹，而进以世界之知识，一举而二善备者，莫如设图书馆。方今欧、美、日本各邦，图书馆之增设，与文明之进步相追逐，而中国则尚阒然无闻焉。鄙意此事亟应由学部倡率，先规划京师之图书馆，而推之各省会。兹将京师创设图书馆之办法，条举如下：

一曰，择地建筑也。图书馆宜建于往来便而远市嚣，不易罹火灾之处。规模宜宏大，约须用地四五十亩，预留将来推广地步。至建筑式样，宜调查各国成式而仿为之。其经费至少之数，约须一百万金。分三期筹备之，每三年为一期，九年而全部告成。每三年中筹三十三四万金，度支虽奇绌，尚不至难办也。（并建筑及购书共计之）但调查既须时日，而建筑与搜书，亦非旦暮间所克办，则事凡之决，不可缓矣。

二曰，请赐书以立其基也。图书馆之书籍，分二大部，一本国，一外国。本国之书，宜奏请颁赐库藏，以为之基。查从前颁赐之库书，在南中诸省者，半付劫灰。而奉天、热河之赐书，均尚完好。又当日四库存目之书，亦尚存大内，中多善本。又钦定各书，如《图书集成》及累朝方略之类，与夫翰林院所存《永乐大典》之烬余者，均宜奏请颁赐图书馆存储。（又闻外务部所存外国书籍不少，亦宜储藏图书馆。）至武英殿及钦天监所藏书版，亦应请归图书馆保存，以便随时缮修，并广其传布。

三曰，开民间献书之路也。从前库书，大率采诸民间。但百余年来，新著日出，而古籍之存海内藏书家，未经进呈者亦不少。今宜援照旧例征取,而奖之亦如旧例。方今东南藏书家,所藏大半散失。然如聊城之杨,归安之陆,则均完好无缺。杨氏后裔珍重保守,而艰于嗣续。陆氏则曾登广告于报纸,言有造藏书楼者,愿尽捐其所藏。若收两家之书,入京师图书馆,而破格奖励之,则二君既申其孝思不匮之心,而古籍亦不至散失,况更可招致他藏书家乎? 此亦征搜遗书之机会,不可失者也。

四曰,征取各省志书及古今刻石也。各省志书,为历史地理之资料,亟须裒集。宜咨行各省,征取储藏。(各省书局之刻本,一并征取)至古金石刻,在秦汉以前者,大有裨于古文学,秦汉以后者,亦有裨于历史。宜仿之通志馆成例,令各省进呈。其私家所藏,则如征书例可也。

五曰,置写官。馆中宜置写官。凡民间珍异之书,不愿献纳者,可令写官移写后,而返其原本。写官之选用,可考选各省士子之文学较优者充之。其待遇如各部之书记,其有年劳者之奖励亦如之。其员数不能预定,大约二三十人可矣。

六曰,采访外国图书。外国图书至繁赜,宜先择最新最要者购之。先由调查员于调查建筑时,向专门学家咨访,写成应购书目,回国后可依目购之。以后逐年增置,以期完备。

以上乃大略办法。至监守之法,借阅之例,设官之员数等,应参考各国成规而采用之。先由调查员从事调查。至京师图书馆以外,各省城亦应各立图书馆一所,以为府、厅、州、县之倡。如是则二十年后,我国之图书馆,或稍有可观乎!

(原载《中国古代藏书与近代图书馆史料》中华书局,1982 年)

（二十二）筹办江南图书馆、京师图书馆纪事

缪荃孙

光绪三十三年（1907 年）丁未　年六十四岁

午帅（端方）奏派主图书馆事。十日，偕陈善余赴浙，购八千卷楼藏书，以七万元得之。丁氏书旋陆续运江宁。

光绪三十四年（1908 年）戊申　年六十五岁

在图书馆。内兄夏润枝太守署宁波府，去秋到任。荃孙欲访天一阁。润枝与范氏定约三月十八日开阁观书，遵旧例也。荃孙十一日赴甬，住宁波府官舍，僧保（荃孙之第三子）侍行。登天一阁观书。阮文达（元）《天一阁书目序》："此阁置于月湖之西，宅之东，墙圃周迴，林木荫翳。阁前略有池石，与阛阓相远。今阁尚明时旧宅。阁之外有月台，台之下即小池，略有竹树。"《定香亭笔谈》云："余两登此阁，阁不甚大，地甚卑湿，而列柜书干燥无蠹蚀，是可异也。"今则不然，登阁观书，散篇断简，鼠啮虫穿，凡无完帙，与阮公所见大异，兵燹之后，所存无多。薛观察所定现存书目，不及原书十分之三。范氏子弟朴鲁不学，久已无人整理。再百余年，即此剩编零本亦不存矣。然明嘉靖以前本子，刻本皆方体字，抄本皆蓝格棉纸，令人尤爱不释手。十一月学部荣中堂（荣庆）专函来促赴都。

宣统元年（1909 年）己酉　年六十六岁

在图书馆。定议改惜阴书院为图书馆。五月，奏派京师图书

馆正监督,赴常熟,与瞿氏商量进书事。八月,学部函电交催,正拟北行,而闻张文襄公薨,一恸而病,两月方愈。

宣统二年(1910年)庚戌　年六十七岁

在图书馆。九月,由京汉火车入都,僧保随侍。赁居西城太仆寺衙,入署见掌院,又入学署见堂官。时图书馆未建,措北城广化寺开办。到馆任事,分类理书。十二月,传旨召见养心殿,监国(醇亲王)询学务及南北图书馆办事,一一奏对,以学部参议候补。次日,谢恩。

宣统三年(1911年)辛亥　年六十八岁

供职京师。三月,派回江南,催瞿氏进呈书。五月,旋京,并解瞿氏书五十种。六月,编定各省志书目四卷。八月,刻本馆宋元本书留真谱,本书一叶、牒文、牌子、序、跋述源流者均摹之,加考一篇。九月,复交善本书目八卷,即乞假回上海寄寓。

(原载《中国古代藏书与近代图书馆史料》,中华书局,1982年)

(二十三)　张之洞筹建京师图书馆纪事

光绪三十四年(1908年)戊申

学部议购致常熟瞿氏藏书。江南图书馆,仅购致丁氏八千卷楼藏书,庋之馆中。陆氏皕宋楼书,已为日本以重金辇载而去。瞿氏铁琴铜剑楼书,亦有觊觎者,江督忠敏公端方议购瞿氏书,供京师图书馆庋藏。公属竭力图之,瞿氏不允。惟湖州姚氏、扬州徐氏书,先后致之京师,僦净业湖滨广化寺,为藏书之所。

宣统元年(1909年)己酉

七月二十四日,学部奏筹建京师图书馆。……又奏翰林院所藏《永乐大典》……又查内阁所藏书籍甚伙……发交图书馆。按图书馆之设,经划已久,此折亦几经斟酌。是时,公病亟,学部虑公有不讳,此举必败于垂成。遂于二十五日入奏。并请派编修缪荃孙充监督,学部郎中杨熊祥充提调。又请仿乾隆二十九年(1764年),将进致各书于篇首用翰林院印、面页记年月姓名之例,饬下礼部,铸学部图书之印,庋藏钤用。疏入,均奉旨依议。

(原载《张文襄公年谱》)

(二十四)学部奏准派编修缪荃孙等充
图书馆监督各差片
清宣统元年(1909年)

再图书馆开办之初,事务较烦,应派专员经理其事。查有臣部奏调丞参上行走、办理图书馆事宜、四品卿衔、翰林院编修缪荃孙,堪以派充该馆监督。又现任国子监丞徐坊,堪以派充该馆副监督。

又总务司郎中杨熊祥,堪以派充该馆提调。如蒙俞允,臣部即行知该员等迅速到差,以专责成。所有典司书簿,分别部居,及经划工程,商定规则各事,即由该监督、提调等妥筹分任,赶紧办理,以期早日竣工,谨附片陈明。

(原载《学部官报》第100期)

（二十五）学部奏筹建京师图书馆折

清宣统元年（1909 年）

奏为筹建京师图书馆，拟恳天恩赏给热河文津阁所藏《四库全书》，并饬下奉宸苑内务府拨与净业湖暨汇通祠各地方，以便兴建而广文治，恭折仰祈圣鉴事。伏查本年闰二月，臣部奏陈预备立宪分年筹备事宜，本年应行筹备者，有在京师开设图书馆一条，奏蒙允准，钦遵在案。自应即时修建馆舍，搜求图书，俾承学之士，得以观览。惟是图书馆为学术之渊薮，京师尤系天下观听，规模必求宏远，搜罗必极精详，庶足以供多士之研求，昭同文之盛治。

我国家稽古右文，远迈前代。圣祖仁皇帝、世宗宪皇帝临雍讲学，特颁图籍，藏之成均。高宗纯皇帝开四库之馆，荟萃载籍，建阁储藏，著录之数，综十六万八千册。又于热河及镇江、扬州、杭州等处，并建藏书之阁，颁给《四库全书》各一份，士子就阁读书，得以传写，所以嘉惠艺林，启牖后学者，至周至渥。嗣后东南三阁悉毁于兵，私家藏书，往往流播海外。

近年各省疆臣，间有创建图书馆，购求遗帙，以供众览者。江宁省城经调任督臣端方首创盛举，不惜巨款，购置杭州丁氏八千卷楼藏书，存储其中。卷帙既为宏富，其中尤多善本。并购得湖州姚氏、扬州徐氏藏书数千卷，运寄京师，以供学部储藏。并允仍向外省广为劝导搜采。兹者京师创建图书馆，实为全国儒林冠冕，尤当旁搜博采，以保国粹而惠士林。无如近来经籍散佚，征取良难，部款支绌，搜求不易。且士子近时风尚，率趋捷径，罕重国文，于是秘籍善本，多为海外重价购致，捆载以去。若不设法搜罗保存，数年之后，中国将求一刊本经史子集而不可得，驯至道丧文敝，患气潜滋。此则臣等所惴惴汲汲，日夜忧惧而必思所以挽救之者也。

窃查中秘之书，内府陪都而外，惟热河文津阁所藏尚未遗失。近年曾经热河正总管世纲、副总管英麟查点一次，与避暑山庄各殿座陈设书籍，一并查明开单具奏在案，拟恳圣恩俯准，将文津阁《四库全书》并避暑山庄各殿座陈设书籍，一并赏交臣部祗领，敬谨建馆存储，庶使嗜奇好学之士，得窥石室金匮之藏，实于兴学育才，大有裨助。

至建设图书馆地址，必须近水远市，方无意外之虞。前经臣等于内城地面相度勘寻，惟德胜门内之净业湖与湖之南北一带，水木清旷，迥隔嚣尘，以之修建图书馆，最为相宜，尤足以昭稳慎。拟于湖之中央，分建四楼，以藏《四库全书》及宋元精椠。另在湖之南北岸，就汇通祠地方，并另购民房，添筑书库二所，收储官司刻本、海外图书。勿庸建造楼房，以节经费。其士人阅书之室，馆员办事之处，亦审度地势，同时兴修。查净业湖、汇通祠两处，向归奉宸苑暨内务府经理，拟恳天恩，饬下奉宸苑暨内务府，将净业湖、汇通祠各地址移交臣部，以便克期兴筑。该处水面颇宽，并拟督饬该馆会商奉宸苑随时疏浚，以期上无碍于水源，下不虑其淤塞。并祈饬下热河督统，将臣部所请书籍检齐，赍送到馆，以备尊藏。至各省官局刻本，即由臣部行文咨取，藉供搜讨。

至图书馆开办以后，如有报效书籍及经费者，拟请援照乾隆时进书之鲍廷博、光绪时进书之广东高廉道陆心源奖励成案，由臣部视其书之等差，及款数之多寡，分别请奖，以示鼓励。如蒙俞允，即由臣部咨行各该衙门暨各省督，抚遵照办理。并监饬该馆监督、提调等，迅速筹办，冀得早日观成。将见琳琅美富，蔚为大观。上以赞圣朝崇文之化，下以餍士林求学之心。窃谓裨益于全国教育者，良非浅鲜，似亦维持世道人心之一大端也。所有筹建图书馆缘由，理合恭折具陈。

（原载《学部官报》第 100 期）

（二十六）学部奏拟定京师及各省
图书馆通行章程折

清宣统二年（1910年）

奏为拟定京师及各省图书馆通行章程，另缮清单，恭折具陈，仰祈圣鉴事。窃本年闰二月二十八日，臣部奏陈分年筹备事宜，单开本年应行筹备者，有颁布图书馆章程一条，奏蒙允准钦遵在案。京师图书馆业经臣部奏明开办，各省图书馆亦须依限于宣统二年(1910年)一律设立。臣等伏查图书馆之设，所以保存国粹，造就通才。创办伊始，头绪纷繁，非有整齐划一之规，末由植初基而裨文治。臣等悉心斟酌，拟订章程二十条。谨缮具清单，恭呈御览。如蒙俞允，即由臣部钦遵，通行办理。所有拟订图书馆章程，开单奏陈缘由，谨恭折具陈。

附：京师图书馆及各省图书馆通行章程

第一条　图书馆之设，所以保存国粹，造就通才，以备硕学专家研究学艺，学生士人检阅考试之用。以广征博采，供人浏览为宗旨。

第二条　京师及各直省省治，应先设图书馆一所。各府、厅、州、县治应各依筹备年限以次设立。

第三条　京师所设图书馆定名为京师图书馆。各省治所设者，名曰某省图书馆，各府、厅、州、县治所设者，曰某府、厅、州、县图书馆。

第四　图书馆地址，以远市避嚣为合宜。建筑则取朴实谨严，不得务为美观。室内受光通气，尤当考究合度，预防潮湿霉蚀之弊。

136

第五条　图书馆应设藏书室、阅书室、办事室。

第六条　图书馆应设监督一员、提调一员。(京师书籍浩繁，得酌量添设，以资助理。)其余各员，量事之繁简，酌量设置。京师图书馆呈由学部核定。各省图书馆呈由提学使司转请督抚核定。各府、厅、州、县治图书馆呈由提学使司核定。(各省治暨各府、厅、州、县治图书馆，事务较简，图籍较少，只设管理一人，或由劝学所总董、学堂监督、堂长兼充。)

第七条　图书馆收藏图籍，分为两类：一为保存之类；一为观览之类。

第八条　凡内府秘笈、海内孤本、宋元旧椠、精抄之本，皆在应保存之类。保存图书，别藏一室。由馆每月择定时期，另备券据，以便学人展视。如有发明学术堪资考订者，由图书馆影写、刊印、抄录，编入观览之类，供人随意浏览。

第九条　凡中国官私通行图书、海外各国图书，皆为观览之类。观览图书，任人领取翻阅，惟不得污损剪裁及携出馆外。

第十条　中国图书，凡四库已经著录及四库未经采入者，及乾隆以后所有官私图籍，均应随时采集收藏。其有私家收藏旧椠精抄，亦应随时假抄，以期完备。惟近时私家著述有奉旨禁行及宗旨悖谬者，一概不得采入。

第十一条　海外各国图书，凡关系政治学艺者，均应随时搜采，渐期完备。惟宗旨学说偏驳不纯者，不得采入。

第十二条　京师暨各省图书馆得附设排印所、刊印所。如有收藏秘笈孤本，应随时仿刊发行，或排印发行，以广流传。

第十三条　京师图书馆书籍钤用学部图书之印。各省图书馆书籍由提学使钤印。各府、厅、州、县图书馆书籍，由各府、厅、州、县钤印。无论为保存之类，观览之类，概不得以公文调取，致有损坏遗失之弊。

第十四条　图书馆每年开馆闭馆时刻收发书籍、接待士人各项细则，应由馆随时详拟。京师图书馆呈请学部核定，各省图书馆暨各府、厅、州、县图书馆，呈请提学使司核定。

第十五条　图书馆管理员均应访求遗书及版本，由馆员随时购买，以广搜罗。惟须公平给价，不得藉端强索。其私家世守不愿出售者，亦应妥为借出，分别刷印、影抄、过录，以广流传。原书必应发还，不得损污勒索。

第十六条　海内藏书之家，愿将所藏秘笈暂附馆中扩人闻见者，由馆发给印照，将卷册数目、抄刻款式、收藏印记，一一备载。领回之日，凭照发书。管理各员尤当加意保护，以免损失。其借私家书籍版片抄印者，亦照此办理。

第十七条　私家藏书繁富，欲自行筹款随在设立图书馆以惠士林者，听其设立，惟书籍目录、办理章程，应详细开载，呈由地方官报明学部立案。善本较多者，由学部查核，酌量奏请颁给御书匾额，或颁赏书籍，以示奖励。

第十八条　京师图书馆经费，由学部核定筹拨，撙节开支。各省由提学使司核定筹拨，撙节开支。各府、厅、州、县由地方公款内筹拨，撙节开支。

第十九条　京师及外省各图书馆均须刊刻观书券，以便稽察。凡入馆观书，非持有券据不得阑入。

第二十条　图书馆办事章程如有未尽事宜，应随时增订。在京呈由学部核定施行。在外呈由提学使转详督抚核定施行。

（原载《学部官报》第 113 期）

后　记

　　本书讲的是我国近代图书馆的产生和发展，但它不是一部全面的近代图书馆史，而是主要着眼于我国近代图书馆从无到有、从萌芽到成熟的过程，以及在这个过程中起过关键作用的人和事。因此，书中没有论及的一些机构、人物和事件，并非由于作者疏漏或认为他们不值一提，只是因为本书侧重于理清近代图书馆发展的"线"，而不是全面描写近代图书馆事业的"面"。

　　本书是一部论述我国近代图书馆的专业著作，但它不仅仅是为从事图书馆专业的研究人员而写的，也是写给关心我国近代文化传统演变和近代图书馆历史的众多读者的。因此，我由衷地希望本书能够得到同行师友们的认可，更希望它能够得到广大非本专业读者们的喜爱。

　　这就是本书写作的初衷。但愿它们不仅仅是作者的奢求。

吴晞
1996 年 4 月于北京